地域メンテナンス論

不確実な時代のコミュニティ現場からの動き

竹内裕二 著

晃洋書房

はじめに

私たちの住む日本は、かつて勢いのあった時代から人口減少・少子高齢化へと変化し、社会保障費がかさむだけでなく、時間の経過と共に「子どもの貧困」など、これまで経験したことのない社会状況が様々な面で露わになっています。このような日本の状況を人間の体に例えるならば、深刻な生活習慣病だと思います。この病気を治すには、自分自身の努力が一番重要ですが、家族の協力なしに完治させる方向へ導くことは難しいと言われています。私たち国民は、日本国という家族の一員である以上、政府ばかりに頼るのではなく、国民として危機的状態にある国に対して真剣に向き合い、政府と一丸となってこの危機を乗り越えなければならない時期に来たといえます。

実際の生活習慣病治療について、多くの医師が「生活習慣病の治療の第一歩は、自分自身の意識改革から」と言っているように、日本のおかれた現実に対しても、その言葉をそのまま置き換えることができます。まずは、日本に住む人々が痛みを感じないほどの元気な状況に戻るためには、一過性のカンフル的処方も必要かもしれませんが、日常生活における習慣の改善により注力していくことが重要だと思います。その生活習慣の改善は、私たち市民が他力本願的に遠い政府へ陳情するだけでなく、自力更生的に自分たちの身近な生活を見直し、実行に移すことから始め、痛み分けをしていかなければなりません。つまり、自分たちでできることを見つけ、自分たちで動き、その行動をし続けるといった細やかなことを生活習慣化することが、これからの日本に求められるのだと思います。人々は、「そんな簡単なこと」と言いますが、一過性でなく継続的に取組むことは容易なことではありません。私たちの身の回りでの出来事を見ても様々な面でそれができていません。結果、元の木阿弥になってしまうケースが多いと思います。

そこには、戦後の復興期から高度経済成長期を経て、GDP第2位の経済大国にまで成長(現在第3位)してきた日本だけに先進国としてのプライドもあったかもしれません。以前のように経済的にゆとりある時代ならば、日本政府に頼ることもできますが、今の日本政府に頼りたくとも、市民が満足いくレベルの対応は期待することはできません。プライドを維持することは至難の業ですが、生き死に関わる段階に来てしまった今、もはや背に腹は代えられない状態です。だからこそ、これまで先人が築いてきた努力の成果を無にさせないためにも市民でできることを確実かつ持続性をもって実行に移すしかないのです。

ところが事態は、これまでの手法による解決では難しい状況となっています。つまり、科学技術の発展により人々の生活は豊かになったものの、その便利さと引き換えに現実味がなくなった社会になりつつあるのです。具体的には、リアルな物流があっても、まちのお店でなくネット上のお店で買い物するため、人と人とのつながりによる経済活動が消え、まちの活気が感じられない中心地が増えています。いつの間にか実感のない世界で生活している私たちは、毎年国民に発表される平均所得を聞くたびに自分の所得と比較しながら納得行かない自分に気づきます。その数字も年々上昇傾向にありますが、現実的に自分が豊かになっているという実感はまったくありません。このことを考えながら周囲を見渡せば、FXやデイトレードといったネット上の高額商取引が盛んです。安直な見方をすれば、社会の仕組みが生活実感のない部分で形成され、数字上の豊かさを表現しているのだと理解してしまいます。

社会全体が、今後バーチャルの世界ありきで進むのかもしれませんが、現実を生きる私たちの生活はバーチャルでは成立しません。そこには、まぎれもない現実が横たわっています。現実社会では、個人だけでなく、公共にも同様なことがいえます。行政の活動は、税収ありきの活動ゆえに、人口減少に伴う税収の落ち込みにより活動全体に制約を課しながら、全体の収支バランスをとって行われています。一方のバーチャルな世界は、その現実に左右されることはありません。バーチャルな世界を構成する根幹ともいえるIT技術はもはや、人々に実現不可能なことをリアルな社会であたかも実現させているかのように思い込ませることができるほどの技術レベルへと成長しています。さらに、その時々の流行に応じて容易に仮想世界を変化させ、外見上の不便さが生じれば即修正といった行為を簡単かつ即座にしてしまいます。バーチャルゆえの得意技です。現代人にとっては、その行為が当たり前となってしまい、人々にとって本物と仮想の世界の境界線が曖昧となっています。

この現実を参考に極端な話をすれば、私たち市民は、今後の地域(1)を運営する上の岐路に立たされているように思います。その岐路とは、行政が、①市民の生活向上を維持するため、その時々の予算状況に応じて映画のセットのような見せ掛けだけの豪華な社会をつくり、市民の要望に応え何度も作り替えるといった現実社会にマッチした行為の施策を推進していくのか。②市民生活において必要であれば、高価なものであっても現実は現実と受け止め、予算と相談しながら良質なものをつくり、それらをメンテナンスしながら大切に使い、長期間維持し続けるのかといった選択が求められているように思えてなりません。

この選択は、地域のおかれた状況によって異なるのですが、今の日本はこれまでと異なり、あらゆる面で事故や災害が多いため構造物の耐用年数、耐震構造など法令用件をクリアしていく事が求められるようになりました。このような社会状況からも、当然②を選択するケースが多いと思います。しかし、この現実を誰もが頭の中で理解していても、バーチャルの世界に漬かってしまった人にとっては、違和感があることも察します。その上で、私は皆さんに問いかけたいのです。新しい物好きな日本人にとって、ものを大切に使い続けることは、貧相なことなのでしょうか。メンテナンスをしながら使い続けることは、ケチな人のすることなのでしょうか。

この本は、この問いを出発点としています。その答えは、当然私たち自身がつくり出しているという結論にたどり着きます。つまり、バブル時代を経験した人たちは、幼少期に親世代から「ものを大切にすることは美徳」と教育されてきました。多様化した日本社会で生きる私たちにとって、その教育と裏腹に時代の変化と共に価値観も変化したことは事実です。私たちは、いつ知れず「古いものを使用することは遅れている」と決め付けてしまっている自分に気づきます。

このようなことを申せば、「ものを大切にする物質不要論、我慢を強いる節約主義の話か」と思われるかもしれません。ここでは、そんなことを述べたいのではありません。この本を通じて私が伝えたいことは、今の日本におかれた状況を現状に合わせた真の地域創生、地域活性化とは何かということです。ここに焦点を当ててみるならば、地域には「新しいものをつくり出すことで有利な効果を生み出す社会的環境」と「既存のものにメンテナンスしながら大切に使いこなすことが有利な効果を生み出す環境」の2つの考えがあり、その適応は私たち自身の生活の営みの中で選択していかなければなりません。

我々国民は、これまで新しいものをつくり出していくことについて多くの経験をしてきました。しかし、その一方で既存のものをメンテナンスしながら大切に使いこなすといった、維持管理についての経験値が少ないだけに不慣れであることは事実です。このメンテンスしていく考え方は決して新しい概念ではなく、古くから存在する概念でしたが、いつの時からか、その概念は薄れ、古臭いものとして取り扱われるようになってきたように感じます。

これからの日本社会は、急激な人口減少時代を迎え、これまでのような税収を期待することはできません。さらに行政サイドは、今まで以上にミニマム行政が進んでいくことでしょう。この社会状況に対しての先行きを考えた場合、これまで行政側で全てを対応し、市民に安心と安全を提供していく様が当たり前でなくなっていってもおかしくありません。

我々市民は、今まで当たり前と考えていたことが、これから当たり前でなくなる新しい場面に直面していくことを覚悟しなければなりません。特に顕著に表れてくるのが、公共の場です。自分たちのできることは、自分たちで対応していくように行政からの指導が市民活動を司る公民館や市民センターを窓口に、自治会とその構成員たちへ徐々に伝えられています。それは、本当の意味での地域に愛着をもった地域づくりの始まりかもしれません。

私は今、市民が自分たちの住む地域、特に公共の場を伴う地域をメンテナンスするといった時代の転換期に差し掛かったからこそ、現代社会に合った形の考え方を示す必要が出てきたと痛感しました。そこで、この本を通じて、これからの地域をメンテナンスするあり方、市民の地域への愛着づくりとは何かに関する議論を改めて活発にしてもらえれば幸いです。

注

（1）通常「地域」という言葉の意味は、地方自治体の行政区画、市町村や県といったすでにできあがった単位をベースにして捉えるのが普通です。ところが近年、この概念イメージが希薄となり、「地域」の省略形として「コミュニティ」という言葉を使うようになりました。本来、この「コミュニティ」は、人間が局地的に限られた場所へ集まって住んでいる様のことです。そこには、生命維持に関連して環境世界というものが出てきます。この「コミュニティ」と「環境世界」の2つが一体となった概念を表現する日本語はなく「地域」なのです。英語は同じ地域でも、この意味を表現する言葉として「region」を用い、行政区画としての地域は「Area」を用います。本書では、「コミュニティ」と「地域」という言葉が、随所に登場します。筆者は、これらの言葉の使い方に関し、前述したように「コミュニティ」と「地域」を同義語として使用することをご了承していただきます。また、地域を英訳する場合「region」を使用します。

目　次

序章　「地域メンテナンス」という考え方の導入に向けて

人手の足らない作業

「コミュニティ・デザイン」という言葉が、「まちづくり」の代名詞のように取り扱われ、多くの人が「まちづくり」という仕事や地域について関心を寄せています。この市民の動きを見て、これまで思うように進まなかったまちづくりが、一気に動き出しそうな期待を感じます。この動きから、人々がまちづくりへ関心を持つキーワードに「デザイン」という言葉があることに気づきます。この言葉の響きから、一般的にアートをイメージさせ、自分の好きなまちを描けるような夢を持たせてくれる感じも受けます。この言葉は、芸術関係者だけが使うものではありません。建築分野でも、設計という意味で多く使用されています。いずれにせよ、きれいな言葉で訴求するため市民[1]にとっては、誰でも参加でき、容易にまちづくりができるような感じを与えています。ここにこそ、この仕掛けをした者の狙いがあるのかもしれませんが、現実問題として現場で活動する者が足らない状態です。

このような社会現象をニュータウンの家づくりに例えるならば、次のように説明することができます。プロジェクトを開始したものの、デベロッパー（行政）や設計業者（行政からの委託コンサルなど）、施工業者（自治会）が揃っても、肝心の働き手（市民）が足らないため、予定通りに作業（まちづくり）が進まないといった状況です。この状況からわかることは、多くの人が「面倒なこと」「きついこと」を避けているということです。

昔は、今のように便利な社会ではありませんでした。村人の協力がなければ日常生活さえもできなかったのです。例えば、家づくり、田植えや稲刈りなどの農作業、藁葺屋根の吹き替えなど、生活に直結する部分は、村人みんなで協力して助け合わなければならなかったのです。つまり、相互扶助に基づく共存社会があったからこそ、自分の生活を維持することができたのです。だからこそ、人間関係がどんなに煩わしくとも辛抱しなければならず、今は死語となっている「結」[2]や「もやい」[3]という仕来りを用いて、村内の秩序を保ってきました。今は、それらの言葉に代わって「協働」という現代用語を用いるものの、現代人にとって昔のような生活に跳ね返ってくるような行為が現実社会にないため、市民に実感や現実味のない協働社会が横たわっているのです。

「人のために役立ちたい」と願う人々

心ある市民の多くは、自分自身に余力があれば他人のために尽くしたいと考え、何か自分のできることで地域社会に貢献したいという気持ちを持っています。ところが、いざ行動に移した時、これまで地域に関わったことがないから何をしてよいのかわからない人が多いのではないでしょうか。まちづくりの担い手が少ないといいながらも、地域貢献を希望している人々が活躍できていないことが、残念で仕方ありません。

「まちづくり」と言う言葉が一般的に広く市民へ定着していったのは、承知の通り１９９５年の阪神淡路大震災がきっかけです。同時に「自分たちのまちは自分たちでつくる」という意識も高まり、この出来事を契機に市民活動のあり方も大きく変わりました。さらには、２０１１年の東日本大震災で、「がんばろう！　日本」というスローガンの下、政府や企業は基より、全国の草の根活動によって、壊滅的被害からの復興に向けた取組みが行われ、日本に本格的な協働支援の仕組みが整いつつあります。我々は、有事を経験する度に強くなり、真に有意な活動を成長させているように思います。

このような不屈の精神を持つ国民であるにも関わらず、最も大切で身近な我々の日常生活を支える住民自治が崩壊の危機にあります。私は、この点に注目し、平時ともいえる日常生活において、有事のときのような市民活動を育むことはできないものかと長年考え、実践活動を通じて試行錯誤してきました。

私は、前述した「多くの人が地域に関心を示すようになった」ことと、「有事に市民が積極的に行動する意識」との間には、共通したものがあると考えます。それは、「人のために役立ちたい」という気持ちではないかと思うのです。このことが人々の根底にあり、人の役に立つ活動をすることで、社会と結びついている実感を共有したいと思う意識が行動に表れています。若者の中には、「どうせ働くならば、人の役に立つ仕事をしたい」と考える人が多いのではないでしょうか。しかし、国民全体を見れば、そのような人は極一部であり社会全体のうねりにまで到達していません。

現代社会は、高度経済成長期以降、会社生活を基盤として生きてきた人々によって構成された社会であるがゆえに、市民行動の基本がサラリーマン化されているといえます。また、その一方で1990年代後半にパラサイトシングルという人々が日本を象徴するかような時期もありました。それから、かなりの時間が経過していますが、未だ状況は大きく変化していません。これら通常生活の中で培われてきた価値観や物事の考え方は、市民生活の根本的活動の基礎となっていると考えられます。

つまり、多くの市民は自分の住む身近な地域活動に関心を示したとしても、家庭で親が自分の世話をしてくれるように自分にとって厄介なことや嫌なことを地域の誰かが改善や処理してくれると思い、指示とも受け止められないような不満と言う声を上げているのだと思います。その現象の最たるものが、社会とつながっていたいと思う市民がいる反面、個人又は家族に対して他人から干渉されたくないなどといった理由から起きる、近所付き合いに代表される様々な煩わしさからの逃避です。

灯火は、絶やしてはならない

私は、これまでのまちづくりのあり方を否定していません。既存の考え方や手法を市民により一層普及させるという観点から、ビジネスの視点ではなく、既存の市民活動に焦点を当て、持続可能な市民活動を通じて、地域住民に生き甲斐としてのライフワークを定着させることが自然であり、浸透し易いと考えます。

このような考えに至った背景に、最近の日本が、急激な社会構造の変化や少子高齢化、不安定な経済活動など、これまで誰もが経験したことのない時代を迎えており、この動きと連動して、行政そのものがミニマム行政の方向へ確実に進んでいるように思えて仕方ないからです。この30年間の国の動きを見ていると、様々な事業を民営化し、競争力をつけるという名目で平等という名のもとに、力ある者だけが生き残る時代に仕向けているようにしか思えません。

また、極端なことを言えば、その延長線上には、行政サイドが必要最低限の公共投資しか行わない時代があるかもしれません。万が一、そのような状況になったとしても、地域のことは自分たちで賄っていけるよう、平時から対応しておく必要がありますが、自治組織が崩壊しつつある現代社会ではそれが難しいのです。日本には以前、他国が脅威に思うほどの住民自治を基盤とした地域社会（地縁型コミュニティ）がありました。辛うじて残っているこの灯火を絶やしてはなりません。種火がなくなれば、再度火をつけることは容易ではないため、守り続けなければならならないのです。そのような時、私の祖父母や両親が「家は生き物」と言い、「人の住まない家は、すぐに朽ち果てる」と口癖のように言っていたことを思い出します。地域も家と同じで、そこに住む人や関わる人が、その地域で活動をしなければ朽ち果てます。だからこそ、市民の地域活動の火を絶やしてはいけないと強く言いたいのです。

常に誰かが、その火を守り、次の人（世代）に火の守り方などの仕来りを語り継がなければ、当然火は消えます。ここで言う地域の火とは、先人が培ってきた伝統などの風土であり、火が消えるとはそれらが風化してしまうことを意味します。

今を生きる我々がなすべきことは、先人たちが築いてきた伝統的な地域をよい形で次世代につなぐことです。その際、長期的視野を持った市民活動をしたことのない市民に対し、建築学や都市計画学などから派生した学問的アプローチによる仕事としてのまちづくりでは、市民が拒否反応を示しかねません。この点を克服しながら活動するためには、社会貢献的視点から派生した人材育成に焦点を当てたアプローチでなければ難しいと考えます。また、今まで地域活動をしたことのない人にとっては、地域活動の意義を理解することは難しいのですが、人々は無意識のうちに日常生活の自然な流れの中で地域に関わる活動をしています。このこと自体が、地域を保守・点検、時には修理・補修するといったメンテナンス行為なのです。人々の生活習慣をベースに、地域という公共の場の中で行われる活動を市民がメンテナンスしていくことで、まちを活き活きさせ、人々のまちへの愛着をより一層醸成していくことが、これからのまちづくりの基礎力を構築するものと考えます。

生活環境の変化とメンテナンスの大切さ

日本には、四季の変化に富んだ自然の中で、多様な生物や植物が生息・植生しています。人間も、その環境の中で暮らしを通じた独特の文化を形づくってきました。例えば、日本を代表する田苑風景は、自然が勝手につくっていけるものではありません。日常生活の中で、すこしずつ人の手を入れていきながら形づくっていった結果です。このような日本古来、脈々と続く「手入れ（メンテナンス）」という行為が、今の日本を形づくってきたのです。この行為は、農業だけに留まらず多方面で活かされていきました。

ところが近年、それぞれの地域で長い時間をかけて育まれてきた伝統的な自然や文化が失われつつあります。これらの多くが、開発などの人間活動による生物種の減少や生態系の破壊、社会構造の変化に伴って人為的に持ち込まれた来外種による生態系の攪乱などによるものです。

このような変化は、生物界だけに限ったことではなく人間社会においても、里地里山[4]や自治活動などに対する人の関わりの縮小といった変化をもたらしています。具体的には、高度経済成長期に農村部から都市部への人口流出があり、人々のライフスタイルが急激に変化しました。それに伴い、核家族化や高齢者世帯、独居老人の増加などの超高齢社会における様々な社会問題が表面化し、人々の暮らしを支えてきた地縁を中心とする旧来型の地域コミュニティ[5]が衰退するなどの課題が生じてきました。

このような時代の変化に後押しされ、これまで私的活動であった保育や介護など、家庭などで対応してきたものが、公共サービスに求められ、負担軽減という形で人々の直接的関与を少なくし、「人とひと」とのつながりを希薄なものにしていきました。この現象は、「公共」の守備範囲を著しく拡大し、市民の行政依存体質を助長していったのです。このような急速な社会変化は、物理的に行政だけで対応することが困難[6]です。この状況を改善するには、行政と住民が相互に連携しながら、地域課題の発見とその解決に向け、地域の潜在力を発揮する取り込みを行いつつも、地域力を創造する仕組みをつくっていくことが求められます。

政府関係機関は、このような社会状況の変化を鑑み、社会問題化した課題を解決するための方向性を見出す調査研究［国土審議会政策部会国土政策検討委員会 2011：都市型コミュニティのあり方と新たなまちづくり政策研究会 2011：財団法人　地方自治研究機構 2010〕を行っていきました。その結果、今後の我国の地域に関する状況を把握した上で、地域のあり方に着目し、「新しい公共」という概念を導入することで解決の方向性を導き、新たな地域のあり方の考えを示したのです。

地域に所属することによるメリット

この「新しい公共」を担う仕組みの中で、担い手として考えられる住民は、公共サービスの提供主体となり得る意欲と能力を兼ね備えた地域コミュニティやＮＰＯ、その他住民団体などです。既に、それらによる新たな地域も伸展していることから、この状況を踏まえた上で、旧来型の地域コミュニティの価値を再認識することが必要であり、新旧の地域の混在を考慮したまちづくりの姿を模索すべきです〔都市型コミュニティのあり方と新たなまちづくり政策研究会 2011:1〕。

この新旧の地域における旧地域とは、高度経済成長以前の日本の中の村社会などで培われてきた自治組織による地域コミュニティのことを指します。住民は、当然のように地域コミュニティへ帰属しなければならなかったのです。そのため、「参加しない」という選択肢はなく「全員参加」が基本でした。このような強制的かつ窮屈な社会だったにも関わらず、人々はその社会と上手に付き合っていました。

そこには、生活を隣近所で支え合う「お互い様」の精神による相互扶助の生活体系が旧地域にあり、例えば子育て世帯にとっては、子ども会が地域内の子どもの面倒を見てくれることで、地域ぐるみの子育てをし、共働き家庭を助けるといった側面からの支援がありました。そのため、住民の多くは、地域に対し「お世話になっている」という実感が伴った感謝の気持ちがあったのです。だからこそ、多くの大人が地域活動に参加・協力し、お世話した人も地域住民から感謝され、お世話をしたことに対するやりがいを実感できていたのです。人々は、その地での生活が難しくなることを恐れ、村八分(7)にならないように近所付き合いをしてきました。このことからも、地域コミュニティの中で生活をしていくためには、住民とのお付き合いが重要だったのです。このように住民が、地域社会と関わることによってメリットがあり、それを実感できていたから地域コミュニティの動きに対して我慢してまでも帰属することができたのだと思います。

束縛の地域からの逃亡と新たな地域への憧れ

ところが、高度経済成長期を契機に地域社会において、組織単位である「家族」の形態までもが変化しました。この変化によって、地域そのものの弱体化が進んだと言えます。結果、絶対的な地域への参加は、個人主義という新しいイデオロギーの到来によって、これまでの不満が人々の行動に反映され、選択自由の地域へと暗黙のうちに変化していきました。人々の意識は「できることならば（旧来型の）地域から逃げ出したい」という存在へと変わってしまいました。

同時に相互扶助という生活や風習も希薄なものとなりました。さらには少子化が進むことで住民は、旧地域がしっかり存在していた時のような実感を伴うメリットを感じなくなってきました。住民の意識は、次第に地域の地域とお付き合いしなくても大丈夫という気持ちへ変化し、徐々に地域離れが加速したものと考えられます。

さらには、人々の多様化したライフスタイルは、自分自身（個人）を大切にする（例えば、安心・安全など）といった大義名分を楯に、これまでの近所付き合いの煩わしさを排除するかのように必要以上に周囲の人々とのつながりを避ける生活習慣を育んでしまいました。

その一方で、寂しさも同時に抱え込むようになったのです。この寂しさを払拭するため、人は社会との関わりやつながりを持ちたい、自分の内心を他人と語り合うことで「誰かにわかって欲しい」「わかり合いたい」「仲間が欲しい」などの欲求を満たしたいと思うようになったのです。その欲求を満たすツールとして、近年普及が著しいインターネット（手軽に参加できるブログや掲示板など）を利用するようになったといえます。

この傾向は、インターネットの中だけで収まることなく、実社会にまで広がりを見せ、インターネットを介して家族はもちろんのこと、地域や会社以外で新しい地域（趣味の集まり、ボランティアグループ、各種勉強会など）を積極的につくったり、参加したりする人が増えていきました。

このように、地域への参加意識は新旧で大きく異なります。つまり、「旧地域への参加は強制力が働いていますが、新地域は参加者自身の意思が左右している」と整理することができます。このことからも、現代人が好む地域への参加とは、自分の時間を地域のために犠牲にするという意識ではなく、自分の好きなことだけをしたいときにするという意識です。この点こそが、敬遠される地域とお金を出してでも参加したくなる地域の違いだといえます。

今も昔も変わらない部分

このような地域でも、新旧の地域に共通して変わらない部分があります。それは、「どちらも、ある一部の個人（お世話役）の犠牲の上に成り立った動きが伴っている」ということです。この「ある一部の個人（お世話役）の犠牲」に焦点を当て考えてみるならば、旧地域は、そもそも住民自治組織によって維持・運営されているため、町内会長などといった地域のお世話係（リーダー）が存在します。このことで、組織構成員全体をまとめることが可能だったのです。

住民にとってのリーダーは、地域内の面倒なことを任せられる便利な存在だったのです。その一方で、リーダーの指示に従わなければならない煩わしさもありました。リーダー役になった人は、自分の時間を使い、さらには地域住民のためとはいえ、嫌われ役をしなければならず、割の合わない任務でもあります。その任務を任期満了まで遂行できたのは、地域にお世話になっている人から後ろ指を指されたくないなどといった「社会的責任」以外のなにものでもありません。

このような状況を傍から見ている住民にとって、「長」の付く責任を伴う役職の大変さと時間拘束の必然性を認識しています。だからこそ、旧地域に参加したくないという理由の1つに「役職が回ってくるから」と答える人が多いのです。「責任をとりたくない」等といった嫌なこと、面倒なことを避けたいという心理から「強制的に入れられた地域から離れて、『個』を追求したい」という衝動に駆られるのは理解できます。この心情を「個の自立」や「集団という束縛からの開放」等という言葉に現代人が置き換えたのではないかと思います。

このような現実の一方で、現代人の中には「人は、社会的存在である」ということを認識している人が多いことも事実です。だから、地域への帰属は重要であると考え、嫌な部分、面倒な部分を取り除いた新たな地域を探求・構築していったものが新地域だといえます。この新地域は、参加者の自由意思で参加できるため、旧地域のような強いルールを設定していません。

万が一設定されたならば、「うざい」[8]という意識が参加者に働き、敬遠されてしまうのが落ちです。そのため、最低限のルールを設定しながらも、参加・脱退の自由が参加者に与えられています。だから、安心感をもって地域へ参加[9]することができます。

地域再生に求められるもの

このような新たな地域であっても、旧地域同様にリーダー的役割を担う人材は存在しており、この役割を担う人がいなければ地域は維持できません。ここで改めて、新地域におけるリーダーのメリットとは何かを考えたならば、それは「人の役に立っている充実感」であり、人から必要とされることによる「存在感」や「やりがい」、「達成感」なのではないかと思います。

リーダーを担った人の意識は、新旧の地域で異なっていますが、いずれにせよ地域を維持・運営するためには、リーダー的役割を担う人材が必要不可欠であることは間違いありません。どのような地域であっても、継続した活動運営は難しいのです。小人数による活動段階では、お世話することが多少大変であっても楽しみながらお世話することができました。ところが、人は「育てる」という行為が潜在意識の中で芽生え始めた時点から、その対象が成長することを期待しながらお世話するものです。当然、活動組織の規模や内容も大きくなっていきます。[10]

大きく育っていくに伴って、リーダーがお世話する量も当然のように増えていきます。そのため、片手間でのお世話にリーダーが限界を感じ、その行為そのものに対し面倒だと思うようになった段階で、活動も自然消滅に向かいます。つまり、活動の存続もリーダーの器やこれまでの人間関係スキルによるところが大きいと言わざるを得ません。このような人々の動きから、地域の新旧に関わらず、リーダーの存在は不可欠であり、組織の大小に関係なくリーダーの力量によって、継続的な活動が可能かどうかが左右されることは明らかです。

以上のことから、現代社会における地域の再生には、①リーダーとルールの存在する組織が必要だということ、②参加者は、自分の好きなことを中心に地域へ帰属する傾向が強く、強制的ルールを好まない。さらには、参加者の多くが責任を毛嫌いするため参加・脱退が自由でなければ組織の維持・存続は危ういということ、③リーダーの力量によって活動規模が決まってくるということもわかってきました。

地域デビューできない人々

これらのことから現代社会における人々の一般的な地域への帰属のあり方が見えてきました。しかし現状は、より一層進化していると私は考えます。特に、60歳定年を迎えた人々の地域への帰属のあり方が、これまでと違っていることに気づかされます。このことを顕著にしたのは、２００５年頃から団塊世代の人々の社会進出を当て込み、「２００７年問題」と称して団塊世代向けの活動が注目されてきた出来事です。

結果として当時、大騒ぎした割には、その後の経済効果や社会現象などといった市民の目に見えるものにはなりませんでした。私も、社会実験の一環として団塊世代向けのまちづくり講座を開催しましたが、参加した人のほとんどが65歳以上の人たちばかりでした。その後も、毎年形を変えて社会実験を繰り返しましたが、結果は同じでした。

私は、参加した人たちに「なぜ、この講座に参加したのか」ということを尋ねました。年齢に関係なく皆、異口同音に「人のために役立ちたい」「私のできることで、社会の役に立ちたい」というような内容の返事がきました。この回答から、若い人から年長者まで年齢に関係なく、人の役に立ちたいと言う社会貢献的意識を持っていることに気づかされました。(11) この質問を契機に、そもそもの議論のスタートだった定年を迎えた人を中心に「今、なぜ参加するように思ったのか」ということを積極的に聞くようになったのです。それらの回答を整理してみると概ね次のような内容にまとめることができます。

「定年後は旅行や趣味だけで、余生を過ごしたいと考えていました。ところが、１年目は定年の挨拶や身辺整理などで時間が経過してしまいました。２年目は、昨年出来なかったことを実行しようと試みたのですが、思ったように出来ず、３年目に繰り越しました。ところが、この頃から、『これでいいのか』と自分を振り返るようになったのです。輝いていた時の自分を思い出した場合、現役（お勤め時期）だった時しか思い出せなかったのです。そこで、これまでのスキルを社会のために役立たせたいと思い、公民館などに出かけてみるものの、既に私がしようと思っていたことを別の人がやっており、私の出番はなかったのです。改めて、私の居場所など地域にないのだということに気づきました。それから数年経った今、この講座の案内チラシを目にしたのです。もしかすると、この講座を受講することで、私の居場所を私自身でつくれるかもしれないと思って参加しました」。

この回答から、私が団塊世代向けに行った社会実験に65歳以上の人たちが多い理由も理解できます。人は、定年以前から公民館や市民センターなどの地域活動に参加していなければ、定年してすぐにタイミングよく地域活動へ参加しません。定年後概ね5年ほどは地域社会でデビューすることはなく、自分探しの旅に出た後に、社会への関わりの大切さを認識します。その上で、社会貢献したいという内発的な意識へとつながり、自分自身の居場所を見つける流れがわかってきます。

安易に考えられている地域活動

この現象からわかることは、地域活動に関わったことのない市民の多くは、社会貢献の入口を地域活動と考えており、気楽に始められ、いつでも止めることのできる都合の良い活動だと意識的に誤解しています。しかしながら、この点は、定年する年代だけに限らず、すべての年齢層にいえます。地域には、多岐にわたった経験や力量（個人が持っている技術や、これまでの人生経験など）を有する住民が多く埋もれており、その人材を地域活動に活かさない手はありません。この現実を踏まえた上で、トータル的に地域の文化を地域活動によって次世代へ引き継いでいくためには、毎日行われている地域活動の様々な場面において、住民個人の能力に応じて住民を適材適所に活かしていく活動を展開[12]していくことが求められているのです。

なぜなら、地域活動そのものが、地域の文化を育む行為ともいうべき「メンテナンス」だからです。先人たちが、今を生きる私たちに伝えたかったことは、この手入れという作業を通じて、「みんなで少しずつ無理が無いように作業していかなければ成果は見てこないこと」、「その成果を人々にわかってもらえるまでには時間がかかるので、地道に作業を続けること」、「地域活動を一旦始めたならば、継続性のある活動でなければ意味がないこと」、「この地道な活動だからこそ、地域の関わりといった『人とひと』とのつながりの希薄さを維持、又は改める確かな手段であること」なのかもしれません。

特に多くの大人は、歳を重ねるに連れ、子どもの時のように友達が容易に作れなくなります。これは、長い社会経験の中で自分自身のプライドや身分などといった大人の物差しを自分自身でつくってしまい、その物差しを使って他人を見てしまうようになるからです。だから、家族や親族とのお付き合い以外に対して慎重になるのかもしれません。

そのような大人たちをつなぐ意味からも地域をメンテナンスする行為は、大切な取組みであり、そこに住民の新たな居場所ができ、ささやかですが人々の寂しさも和ませることができます。メンテナンスする者が今を生きる我々の他に誰もいないからこそ、これまで引き継いできた古き良き伝統を伝承していく上で、我々の生活に即した形にアレンジしながら本質を見落とさず、欠かさない作業を行うことに注力しなければならないのです。

市民が使えないまちづくりの技術

幸いにして、先人たちが住民参加・参画のまちづくりに関する技術を現代社会に根付かせ、多くの実践者が現実社会の中で活躍し、数多くの技術書（例えば、参加のデザインやワークショップなど）を発表しています。このことは、地域再生をする上で重要な手法・方法です。しかし、これらの技術が発達すれば、直ぐに地域が再生するわけではありません。地域に関わる人の多くが、これらの技術の重要性を認識した上で活用し、地域を構成する人が実社会の中で実践しなければ意味がないのです。行政や研究者、地域のリーダーなどはこのことを承知していますが、肝心の市民は無関心なのです。知らなくても、自分たちの生活に支障がないという姿勢です。やはり、市民の潜在意識の中に「まちづくり」は市民にとって大切なことだとわかっていても、「市民だけではどうにもならないからお役所の人、よろしくお願いします」という、他力本願というか、あきらめの境地があるのではないかと思います。このことからも、リーダーと住民、学問の中の技術と現実社会で使用する技術との間の「壁」は、常に存在したままです。

この「壁」の存在を示しているのは、前述した技術書です。これまで出版されている技術書に書かれている多くの手法は、本質的な部分で今も昔も大きく変わりません。変わったのは、新たな事例と表現方法です。出版社や執私は、多くの事例を集め、これまでの紹介の仕方を変えることで、まちづくりの技術を一般市民に広く伝播させようと尽力していることが伝わってきます。この現象は、私たちがよく知っている料理本に似たものを感じます。

私は、執私たちの多くが中央から地方を見ているように感じるのです。中央の都市には、国内外からの先進事例などを適応させた成功事例が数多くあるかもしれません。それを地方に伝播させようとしても地方に住む人には、中央に住む人々のような行動形態でなく、地方独特の生活リズムがあり、さらに地方の中でも地域毎に全く異なった生活リズムがある現実を直視しなければならないのです。だから、都会的生活を地方で継続させるのには無理があり、中央主導の活動では一過性に終わってしまうケースが多いのも当然かもしれません。

この点を理解しておかなければ、まちづくりの技術や斬新な手法や他地区での成功事例といった知識だけをいくら取得しても、現場で役立ちません。やはり、その地域にしかない生活リズムを尊重しながら、そのリズムに合わせ住民意識を醸成させる技術を活かし、その地域に住む人々の生活習慣に即した活動を住民が主体となって行わなければならないのです。これらの知識を有効にさせるためには、「技術ありきでなく、人ありき」の考え方を基にした地域活動が必要なのです。つまり、地域社会に存在する問題には、「技術を用いて問題解決[13]」ができるものと「市民の社会適応によって問題解決[14]」できるものの2通りの解決方法があることを認識しなければなりません。

これまでの問題解決は、その多くを技術論で解決しようとしてきました。それゆえに住民をまちづくりに参加させるという点では、「人ありき」の考え方を用いるものの、地域活動に住民を参加させ、その中からリーダー的役割を担う人を育てる部分が弱かったと思います。なぜなら、既存の技術論にリーダーを育てる具体的な方法が示されていなかったのです。私が、この本を通じて伝えたい「人ありき」とは、この部分を指しており、地域を元気にさせる担い手としての人材育成が、今後の社会において必要だということです。このような観点から、住民主体の地域活動に焦点を当てた入門書的解説のなされた住民参加の方法論がなければ真に持続した活動へは成り得ないと思います。

実社会の中のまちづくりの位置づけ

これまでの研究からわかってきたことは、まちづくりにおける市民活動の継続性の問題、持続性可能な地域活性化活動に関係する者・セクターの役割と限界、産官民の協働活動への関与方法の不明確さなどが挙げられます。これらに共通していることは、まちづくりに関わる各セクターの行動が、それぞれ初めての経験のため皆手探り状態だということなのです。

それゆえに、まちづくりに関する市民教育の必要性をより一層実感するようになりました。ところが、「十人十色」という諺があるように、まちも同じように特色があるのです。その地域社会を良くするのも、悪くするのも、その地域に関わる人々の行動に委ねられています。だからこそ、そのまちのことは、そのまちに関わる人たちで育てていく精神が必要であり、その精神を育み、習慣化するまでには、そこに住む人々やその人々をリードする人を指導していく仕組みが必要になってくるのです。

この点に関する現実について、多くの人が認識しているものの、まちに関する教育そのものが、小学校4年生の「働く」という単元をもって地域に関する学習が終わりとなるのです。それ以後は、地域について学ぶ大学を選択しなければ、地域に関する学習はありません。これでは、市民がまちづくりについての知識や関心がないのも当然かもしれません。

これを裏付ける現象として、一時期全国の大学で「雨後の筍」のように開講されていた「まちづくり」に関する講義が少なくなっています。流行が終わったからといえば、それまでですが、そんな単純なことではないと思います。

大きな理由は、「まちづくり」を看板にしても大学で学生を集められなかったことです。その背景には、卒業後の進路を大人がイメージできなかったからだと考えます。特に、子どもの将来を一番に考える親にとって、いくら子どもが「まちづくり」や「地域活性化」について学びたいと意思表示をしても、社会を知っている大人自身がイメージできないだけに諸手を挙げて喜ぶわけにはいかなかったのだと思います。

行政が、住民参加のまちづくりを積極的に展開していた当時、現実社会において社会全体が、まちづくりの大切さとその必要性を認識し、行政が主導して地域を挙げて市民活動を支援してきました。その勢いは、今後の社会をつくっていく過程で奔流となるものだと誰もが確信したのだと思うのです。その代表的なのが、大学だったのではと思います。

この動きに対して冷ややかに、かつ冷静に対応したのが企業です。多くの企業も、地域社会の動きに賛同したにも関わらず、肝心な学生の就職にまでつなげられませんでした。ある企業は、自分の会社の収益を上げるためのツールとして「まちづくり」を捉えたのかもしれません。または、地域の各セクターとのお付き合いとして本業に支障がない程度に参加したのかもしれません。いずれにせよ結果的に若者の雇用と市民活動は切り離して捉えています。

このような企業の動きは、ある意味健全な考え方であり、行動だと言えます。企業（業種にもよるが）にとって、まちづくりで培われた知識を用いる部署は社内業務全体の中で極々一部です。まずは、企業の命綱とも言うべき収益を上げることのできる専門知識を持った人材を優先的に獲得したいと考えて行動するのが当然の心理です。

事実、「まちづくり」を学んだ（学部学科内における教育）学生が4年後、就職先（自分自身が学んだ知識を主に活かせる仕事）を選択する場合、その幅が狭かったのです。このような企業の動きを見透かしたように大学内部にも、まちづくりに対して表向きは理解していても、根本的な部分では重要視していない教員がいます。現段階では、まちづくりそのものが、多種多様にある学問分野という種を育てる畑（現場）であって、誰もが認める単独の学問分野という1つの種になっていないということです。一部例外があるとするならば、研究室単位で行われる様々なまちづくり研究だと思います。

次の段階に進むまちづくり

これまでの「まちづくり」や「地域活性化」に対する一般的な大人の対応は、決して良いものでないことが理解してもらえると思います。だからといって、「まちづくり」や「地域活性化」を学問分野から撤退させるために論じているわけではありません。まちづくりを見る角度が異なっても、「受験生を持つ親」「大学教員」「企業」など誰が、どこから見ても変わらない「まちづくり」の姿を示さなければならないのです。

　このようなことを述べること自体、まちづくりが主たる学問分野の仲間入りを果たせていないことを示しています。まちづくりを学問として見た場合、経済や工学などと言った学問と比べ、歴史が浅く、地域性やその時々の時代に左右されることが多いため、確固たる普遍的理論が構築されていないのです。しかし、全国には継続して「まちづくり」や「地域活性化」に関する講座を開講している教育現場が多くあります。それらは、基本となる専門分野を軸に、まちづくりや地域というフィールドを持ってくることで、両方が寄り添い、協調し合える形での補完的役割を構築していったのです。

　この現実から現段階における「まちづくり」に対する各セクターの捉え方は、それぞれに異なっていることがわかります。ところが、「コミュニティ・デザイン」などに見られるまちづくりブームから、現代社会に関わる人々（以下、現代人）が求める「まちづくり」は、前述した大人の見方によるまちづくりではないようです。災害復興時に見られる「どうにかしたい」、「助けたい」という純粋な気持ちが移行して、自分たちの住むまちに自分たちで何かできないかという想いが行動に表れていると思います。このことからも、現代人の捉えている「まちづくり」と大学や企業が捉えている「まちづくり」には大きな隔たりがあることを確認できます。

実社会においての「まちづくり」の位置づけを改めて考えるならば、これまでの「まちづくり」は萌芽期ともいうべき段階であり、「まちづくり」という言葉とその存在感を社会に定着させたという点から一定の役割を終えたのではないかと考えます。その次の段階として、これまでの経験や、地道な活動によって導き出された住民の行動形態を基にした理論構築段階に突入したように思います。既に多くの研究者が、まちづくりに関する理論構築に着手していますが、その多くが萌芽期段階で培ってきた技術的視点からのアプローチです。次の段階で求められることは、地域住民の行動に立脚した理論構築であり、これまで培ってきた住民参加によるまちづくり技術の融合です。このようなことを言う大きな理由の1つとして、地域には地域独特の地域特性が存在するため、統一性ある理論構築は難しいと考えるからです。しかし、地域再生という活動は、どのような地域で活動しても、地域住民不在の活動なんてあり得ません。だからこそ、住民の行動に焦点を当てた新たな視点のまちづくり理論の構築が必要なのです。

地域は、人によって機能しているため、機械のようにすぐさま製造や調整をすることなどできません。ましてや人は、意思や感情を持った生き物である以上、全員が規則正しい行動などしません。例え、集団行動を基盤とした地域経営を可能にしたとしても、現実社会の中では他者からの指示に反した行動をとる人が必ずいます。この現実からも、機械には存在しない（人のような）感情や意志が現実社会の中で働いている証でもあるのです。このような人間が持つ習性を加味したまちづくり理論を整理することで、これまで先人たちが築いてきた技術をより効果的に活かすことができるものと信じています。さらには、この技術の活用範囲もより一層広がると考えられます。

行動ありき、そして習慣化へ

地域をメンテナンスする行為は、小数の人間でできることではありません。まちづくりに関心がある・ないに関わらず、多くの人の参加がなければ、地域の再生はあり得ないばかりか、効果も表れてきません。だからこそ、まちづくりに関心がなくても無意識のうちに地域で行われているまちづくり活動へ参加するように仕向けるのも、この本の役割だと思います。市民にとって、総称となる「まちづくり」は不可欠ですが、地域に関心の薄い人にとって「まちづくり」という言葉は重く、面倒なものに感じます[15]。そのような人々に負担を感じさせないためにも日常生活そのものがまちづくり活動の一環でなければならないと思います。言葉ありきの活動ではなく、行動ありきの活動が求められているのです。だから、1つ1つの行動や行事について、住民に真意が、その都度直接伝わらなくても、いつか「そうだったんだ」と後から気づいてもらえることの方が重要だと思うのです。

崩壊の憂き目に遭っている地域ですが、この危機を回避するのも、促進させるのも、地域住民次第です。その地域住民が、地域の一員であることを認識し、地域コミュニティ再生のための内発的活動が必要不可欠ですが、これまでのようなまちづくり活動ありきの動きでは、早急な行詰まりを感じます。だからといって、私がこれまでのまちづくり活動を否定しているのではありません。これまでのまちづくり活動を足掛かりに急がなければならないことは、人々の日常生活の中で確実に実行できるメンテナンス行為を習慣付けることだということを言いたいのです。

人は、大きな括りで評価する

このような観点から、改めて地域を見つめ直し、次の世代への引き継ぎをするためには、地域社会に点在する多くの地域（新旧問わず）を住民がメンテナンスしていく時期に来たといえるのです。そのメンテナンスをする人は、「楽しみながら」持続して活動することが大前提となり、その人たちを組織的にまとめるためには、豊富な経験と技術が必要で、その技術を兼ね備えた人材育成が求められます。これら全てが整わなければ、真に持続可能な地域発展などありえないと考え、「地域メンテナンス」という考え方を示したのです。

本書のタイトルに「コミュニティ」という言葉を入れずに『地域メンテナンス論』にしたの

には私の強い想いがあります。読者の多くは、これまで述べてきた流れの中に「コミュニティ」について触れているにも関わらず、「地域」だけにするのはおかしいと思われるかもしれません。私が、あえてタイトルに「コミュニティ」を入れなかったのは、市民の評価判断基準を考慮してのことです。つまり、一般市民がある物事に対して（例えば、政治や経済など）何らかの評価を下す場合、小さな事柄について評価を下すのではなく、ある程度まとまった状況を見て相対的に判断する傾向があります。この現実から市民がまちを評価する場合、小さな地域が活性化されても、身内同士で褒め合う程度の評価です。ところが、地域というある程度の大きさでパブリックな部分も包括したまとまりとして、活性化していく様が現れてくるならば、市民だけでなく、まちを挙げて評価し、その結果を対外的に広め本格的な地域活性化の足掛かりにしようとする流れをつくり、表現したいのです。

この動きの原点は、市民1人1人の行動です。この動きの連鎖が、小さな地域を動かし、その集合体とも言える地域が活性化していくのです。市民の活動は、今も昔も存在しています。それにも拘らず、地域が活性化しないのは、そこに住む市民の活動が機能していないことになります。だからこそ、改めて地域をメンテナンスしなければならないのです。

注

（1）本書で表記される「市民」と「住民」の使い分けである。ここでの「市民」は一般的な人々全般を指す広義の人々、「住民」はある地域に住む人を指す狭義の人々である。

（2）結（ゆい）とは、田植えのときなどにお互いに力を貸しあうこと［広辞苑］。

（3）催合（もやい）とは、2人以上の者が一緒に仕事をすること。共同。部落内の共同作業。利益の共同分配。船と船をつなぎあわせる「舫い」からきた言葉ともいわれる［広辞苑］。

（4）原生的な自然と都市との中間に位置し、集落とそれを取り巻く二次林、それらと混在するうち、ため池、草原などで構成される地域である。農林業などに伴うさまざまな人間の働きかけを通じて環境が形成・維持されてきた。里地里山は、特有の生物の生息・生育環境として、また、食料や木材など自然資源の供給、良好な景観、文化の伝承の観点からも重要な地域である［環境省ＨＰ］。

（5）本書での地域コミュニティとは、生活地域を共通にするコミュニティのことであり、行政、地域を越えた連携と連絡を基盤としたその他のコミュニティと区別している。つまり、地域住民が生活している場所（消費、生産、労働、教育、衛星・医療、遊び、スポーツ、芸能、祭りに関わり合いながら、住民生活の交流が行われている地域社会）あるいは住民の集団を指す。

（6）近年の日本における地方財政は、巨額の債務残高を有する中、人口減少や少子高齢化、企業活動低迷による税収の落ち込みなど極めて厳しい状況にあり、住民の負担能力を制約することが予測される。

（7）村八分とは、仲間外れにすることである。この「八分」とは、十分ある交際のうち「葬式と火事の際の消火活動」以外は、付き合わないという意味からで、のけ者にすることを「八分する」とも言った。十分のうちの八分とは、「冠、婚礼、出産、病気、建築、水害、年忌、旅行」である。

（8）「うざったい」の略語。

（9）この一連の人々のコミュニティへの参加の流れは、社会学者・Z・バウマンが自著『コミュニティ――安心と自由の戦場――』[Bauman 2008:11-12] で述べている現象そのものである。

（10）人は、自分の行動を他人に評価してもらいたいと言う欲求がある。そのため、小さな活動が大きくなると多くの人から支持されているという実感と遣り甲斐を感じるようになる。お世話係（リーダー）はうれしくなり、より大きく活発的な組織にしたいという欲求が生まれる。これは、自然の成り行きである。ところが、参加者の参加意識は様々であり、設立当初の小さな組織を好む人もいれば、大きな組織を望んで参加する人もいる。このときのリーダーのマネジメント能力が組織存続のキーとなる。

（11）この人がリーダー的役割を担うかどうかは、別である。

（12）活動を展開する上で、地域の問題を確認し、その問題解決を住民自らが行う際、年長者だけでできること、できないことがある。住民の年齢層に応じた様々な活動や多年層の人々が協力しての活動など様々な実施形態がある。

（13）日々取組んでいる問題の中で、解き方が既にわかっている問題解決手法 [Heifetz and Linsky 2002:29]。

（14）その道の権威や専門家であっても、既成の手段では解決できない問題も存在する。こうした問題に対応するには、組織あるいは地域社会の至る所で、実験的な取組み、新たな発見、そしてそれに基づく行動の修正を繰り返す問題解決手法 [Heifetz and Linsky 2002]。

（15）旧コミュニティのイメージで「まちづくり」を捉える人が多く、個人の犠牲という負担が圧し掛かるのではないかと誤解している。

第1章 「地域メンテナンス」の必要性

1 「地域メンテナンス」を捉える視点

仕切り直しとしての新たな動き

「地域メンテナンス」という言葉は、私が作った造語です。この言葉の概念は、これまでにないまったく新しいものではなく、前章で述べたように既存の「まちづくり」の流れに伴って形づくられた「市民を主体とした地域活動」の延長線上の概念です。それゆえ、この「地域メンテナンス」は、「まちづくり」というカテゴリの中でジャンル分けされることが自然です。そこで、まずは「まちづくり」を入口として考えていくことにします。この「まちづくり」という言葉について佐藤［1999:13］は、「1970年代に入り、『まちづくりとは何か』について、生活環境や都市問題に関心を寄せる様々な学問分野の研究者、建築家、行政関係者が議論をかわしている。そこでのキーワードは「総合的アプローチ」である。建築、財政、行政、地方自治、都市社会学、福祉などの専門家が「まちづくり」というキー概念のもとに、学術的総合的に都市の問題にアプローチする錦の御旗を見つけたのであった」と述べています。このことからわかることは、「まちづくり」そのものが、研究者たちにとってのプラットホームの役割を担っているということです。この状況は、１９７０年代から40年以上が経過した現在でも大きく変わっていません。さらには、未確定な部分が未だに多く、学問上も既存の研究分野が綱引きをしている状態です。

その一方で、まちづくりの主体とならなければならない市民とって、この「まちづくり」という言葉は不思議と浸透しており、大半の人が「知っている」又は「聞いたことある」という状態なのです。ところが、言葉の意味ともなると、ほとんどの人が答えられません。そのため現実社会では、その言葉の意味や具体的な使い方（理論的考え方も含め）が曖昧かつ不明確なため、市民は都合よく解釈し、幅広い範囲で様々な使い方（例えば、商店街のまちづくり、福祉のまちづくり、防災のまちづくりなど）をしているのが実状です。だからといって、今さら「まちづくり」の言葉の使い方を市民に指導したいとも思っていません。それよりも、今後の市民の地域との関わりを濃厚にしていく行動について議論・実践していく方が重要であると考えます。

本節では、メインテーマである「地域メンテナンス」というものが、どのような視点・方向を向いて考えているのかを説明します。私は、市民自身がこれまでの「まちづくり」と意識を変えて取組んでもらうためには、何かしらのきっかけが必要であると考えるのです。そのタイミングは別にしても、転換期に『地域メンテナンス』という新しい言葉を用いることで、人々に「まちと関わっているという意識や認識」を自覚してもらいたいのです。このような意味からも、人々の行動（地域活動）を仕切り直す行為が、今後のまちづくりにおいて真の住民参加につながるものと考えます。

2　これまでのまちづくりに関する研究の発展と変遷

「まちづくり」や「地域」という言葉が、一般市民の目に形として具体的に見えるようになり、身近な言葉として接するようになった（1990年代半ば以降から）のは、全国の行政機関が挙って市民相手の部署名に「市民局まちづくり推進課」などといった言葉を用い始めた頃からではないかと推測します。ところが、そのようなブームも2010年頃から冷めはじめ、「まちづくり」や「協働」という名称も今や影を潜めているように感じます。

最近では、時代の流れに伴い「地域経営」が注目されるようになっています。その影響が部署名に反映されています。具体的には、地域を会社に例え、行政は市民の総務部総務課的役割を担うという意味合いからか「総務」という言葉を用いています（例えば、総務市民局総務部総務企画課など）。このような行政部署名の変遷を見てもわかるように、行政はまちづくりに対する市民の動きを敏感に捉えています。この情報源の基礎となるものが、前述した「まちづくり」に関わる研究者の言動だと思います。

この「まちづくり」という言葉は、我国固有の文化的背景のもとで生まれた独特の社会運動の延長線上にあり、１９７０年代に入ってから盛んに使用されるようになりました［佐藤 1999:12］。その契機とは、我国において高度経済成長の破綻が明るみに出たことです。この出来事から、公共政策による環境破壊などが表面化し、大きな社会問題となっていきました。

この現象が元で直接の影響を受けた住民は、国民の財産や生命の危機に関する問題に対し、議会が自らの意思を十分に代表していないと強く主張しました。住民は、議会・政府に対して既成の秩序や制度の改善を住民運動という形で要求していきました。このような運動に対し、住民らは「官治型行政」から「住民自治」への転換をスローガンとして掲げ、住民参加という言葉を象徴的に使い始めたのです。その運動は、一部の地域運動に留まらず全国的に多様な領域を巻き込み、幅広い市民運動へ成長していきました。佐藤［2004:12-35; 2005:1-12］は、１９７０年代以降の「まちづくり」について、３つの世代に分類できると言っています（表１-１参照）。

本節では、『地域メンテナンス』という新たなジャンルを考える上で、この3世代を基軸に、これまでの「まちづくり」や「地域」に関する先行研究を辿り、提起された概念や活動を整理

「まちづくりの世代論」		公共政策学研究で登場する主な概念		建築・都市計画学研究で登場する主な概念		経済・経営学研究で登場する主な概念		都市・地域社会学研究で登場する主な概念	
1970年代～1980年代初頭	第1世代：「理念」	1970年代中期	足立忠男：「平均的市民」	1960年代～1970年代後半	まちづくりの主体および組織論	1970年代前期～	玉野井芳郎：「地域主義」	1970年代後期～	Wellman：「コミュニティ解放論」
		1970年代後期	寄本勝美：［役割相乗型行政」						
1980年代中期～1990年代初頭	第2世代：「実験とテーマ」	1980年代末～1990年代初頭	荒木昭次郎：「コプロダクション理論」に基づく協働	1980年代～1990年代当初	まちづくり条例の普及と住民参加論	1980年代～	宮本健一：「内発的発見論」	1990年代～	奥田道大：「都市コミュニティ論」
		1990年代半ば	中田実：「地域共同管理」						
1990年代後半～2000年代	第3世代：「地域運営」	2000年代	新川達郎：「ガバナンスの失敗」への注目	1990年代後半	参加のまちづくり論	2000年代	海野進：「地域経営」	2000年代	Gelanty. G：「コミュニティの復活」

表1-1　「まちづくりの世代論」と代表的な研究分野で登場する概念

（出所）長野［2009：104］を基に筆者修正加筆作成.

し、各世代における社会状況を鑑みながら、様々な研究者が提起した概念や活動を確認していきます。その上で、既存研究や活動上での不明確な部分、既存活動に補完しなければならない部分とは何かを明らかにしていきます。

「理念」時代：第1世代（1970年代から1980年代初頭）

１９６０年に成立した池田内閣の下で掲げられた所得倍増政策以降、日本は本格的な高度経済成長期を迎えることとなり、社会もそれに伴って大きく変動しました。特に、農村部から都市部への人口移動は極めて急速かつ大規模に起こり、都市の過密化と農村の過疎を生じさせることとなりました。その結果として、都市部は人口の流出速度に追いつかないインフラストラクチュアの整備によって劣悪な住環境を生み出し、産業優先の投資がさらに加速するとともに公害問題が発生し、深刻な公害被害を生じさせるなどといった都市問題が発生しました。当時、この公害問題に対して、激しい住民運動が展開されたのです。また、その一方で、地縁を中心とした旧来型の地域（コミュニティ）が崩壊していきました。

ここで示す第1世代とは、その後の１９７０年代から１９８０年代です。１９７０年代初頭まで盛んであった住民運動により、住民の切迫した訴えや要求が行われ、一定の対策や救済が講じられたことで、立法処置を勝ち取るまでになりました。こうした住民運動を背景として、制定された地方自治体の行政要項、自主条例に基づくまちづくりの地域ルールの形成という動きにより、地域からの階層的秩序形成という画期的なまちづくりの動きが出現しました。それは、住民主導のまちづくりが、基礎自治体行政をも巻き込んだ主体論、組織論を産出していくという大きな流れを出現させたのです〔似田貝・大野・小泉・林・森反 2008:xv-xvi〕。

経済学者の玉野井〔1979〕は、このような社会状況を「地域主義」という概念によって提起（1970年代初頭）しましたが、その後議論が展開されませんでした〔例えば、清水 1994〕。なぜなら、高度経済成長の崩壊によって、日系企業の本格的海外進出の開始と少子高齢化の到来により短期間のうちに低成長期を迎えたため、地域主義をめぐる課題が主な論点とならなかったからです。

また、この時期の地域（コミュニティ）について、ウェルマン〔Wellman 1979:1201-31〕は「コミュニティ解放論」という概念を提起しました。この概念は、ワース〔Wirth 1938:1-24〕が1938年に一時的な絆（コミュニティ）が衰退すると提起した「コミュニティ衰退論」でなく、ホワイト〔Whyte 1943〕が1943年にかつてのコミュニティが繁茂し続けると提起した「コミュニティ存続論」(1)とも異なるものです。すなわち、都市の人間関係は、表面的にバラバラでコミュニティが喪失しているように見えますが、コミュニケーションに積極的で交通・通信手段が利用できる人にとっては、都市の人間関係に解放的なリアリティを感じるのです。しかし、コミュニケーションに消極的で交通・通信手段が利用できない人は喪失感を感じるというものです。このように都市の人間関係には、ネットワークとしての解放的な都市のあり方が見えてくることを示しました。

この時期の特徴ともいえる高度経済成長は、中央政府の強い影響力を発揮し得た経済開発だったことにより、この時代の政策論においては国民経済の観点から地域を捉える必要があったのです。このことを踏まえ、先進的な自治体は、１９７０年代半ば頃から議会とは別に地域社会の意思を政策に反映させる補完的仕組みとして住民参加制度を導入しました[2]。また、この制度導入によって、行政と市民との関係を改善させる狙いもありました。

これは、足立〔1975:174-287〕の「行政と市民との関係を調整するには、とくに、少なくとも両者の間に明確な対立や紛争が発生したときに、市民の側に立って、知識や情報が不足している市民に対して、その不足を補う社会的役割を持った市民そのものが要求されることになる」という主張（１９７０年代中期）からも推察できます。つまり、行政・市民間の知識・情報のギャップを調整するためには、「素人である紛争の当事者の市民と多種多様ないわゆる専門家」が一定の規準・観点を共有して協力し、それぞれに知識・技術・経験を動員しなければならないと論じているのです〔足立 1975:174-287〕。

このような視点は、現在の「協働社会」ともいうべき、セクターを越えた協力の「組み方」

の考え方を先行的に示すものであり、アドボケーター（権利の擁護者）としての中間支援組織・ＮＰＯに期待される役割として述べています。この概念こそが「平均的市民」［足立 1975:174-287］です。これは、行政活動の公準として「①公的情報の理解力における平均的市民」、「②公的情報に対する到達度における平均的市民」、「③生活における平均的市民」の３項目からなる「平均的市民」を提起しており、それぞれ最大の「例外的市民」から最小の「例外的市民」までの存在を示しました。特に③の平均化は、所得への累進課税や資産課税等による政府の責任で実現するものとしたのです。①の理解力と②の到達度における「平均的市民」への調整の責務と役割も行政が担うべきだとしました。

寄本［1978:189-246］は、１９７０年代後半に足立の概念を発展させる形で、「役割相乗型行政」を提起しました。これは、後に「役割相乗型社会システム」として一般化されました。この「役割相乗型社会システム」とは、「当該の公共問題への対応において関係各者の役割を適切に組み合わせることにより、それに投入する関係各者の労力や資源の量は以前と同じかそれより少なくても、そこから得られる成果は大きくすることが出来る仕組み」なのです［寄本 1978:189-246］。

つまり、「分権と参加のもとで個別問題ごとに地域の事情を反映したヨコ割の総合的な行政が必須」として、行政セクターの変革を唱えると同時に、「彼らは、議論の場を一にすることによって自分たちの考え方の間口を広げ、自分たちの集団利害や市民間の利害を創造的に調整していくことが出来る大きな可能性を持っている」［寄本 2004:273-94］として、各種市民団体の活動や、そのリーダーの役割に期待しました。この寄本による「役割相乗型行政（社会システム）」に関する一連の研究は、NPO（組織およびそのリーダー）による各セクターのリソースと、その役割を結集する社会システムに期待される機能を明確にしました。

このように第1世代「理念」と位置付けられた1970年代から1980年当頭の日本は、国を司る行政に対して抵抗をしてきた1960年代の経験を土台として、市民が理念を持って運動した時代だったのです。この時の運動があったからこそ、今の日本における市民活動が芽吹いたといえる重要な時期だといえます。

「実験とテーマ」時代：第2世代（1980年代中期から1990年代初期）

1980年代は、大都市の都心空洞化が進んだ時期であり、インナーシティ問題[3]の深刻化が顕著となりました。同時に、人々の人間関係も変わってきました。この年代以前であれば、現在居住している者だけで人間関係を構築するのが普通でしたが、この頃から既に現地居住地を離れながらも前居住地で築いた人間関係を持ち続ける人も出始め、地域での社会諸活動に大きな役割を果たしていました（「ネットワーク型居住者」という概念を奥田［1993:122］が提起）。さらに、都心では町内会などの地域組織に代わり、「拡がりと重層性ある地域を磁場とする人と人との結びつき、社会諸活動、あるいは様々な出来事や『もの』」の「結節点」としての施設・装置が重要な役割をはたしていることを見出しています［奥田 1993:122］。この現象から地域に根を下ろす組織形成と自由な個人の小集団機能との二層性に見られることから、ゆるやかな絆や柔らかな組織性が挙げられました［奥田 1993:152］。「まちづくり」の歴史的経過に伴って、奥田が主張する都市コミュニティ論［奥田 1983］のように法令で対応できない地域の課題や要請が多くなりました。自治体は、それらに対して独自に応えてきました。それこそが、法規範となる「まちづくり条例」(4)です。この条例の普及は、全国へ広がりを見せました(5)。

この条例が制定される先駆けとなったのが、宅地開発に対応（１９６０年～）したものであり、その後生活環境・環境管理へ広がり（１９７５年～）を見せ、１９８０年前半より、歴史的環境を中心にまちを面的に保全していくという動きへ急速に発展しました。このことにより、先進的な自治体が自主条例の制定を幅広く進めました。この動きに同調して、国のモデル事業も景観を配慮した事業推奨するメニューを増していったのです［似田貝・大野・小泉・林・森反 2008:17］。

この動きを加速させた背景には、１９８０年に公布された都市計画法改正に伴う、地区計画制度の創設があります。この改正により、地区計画の原案作成の手続きを市町村が定める条例に委任（都市計画法16条2項）することで、まちづくりに住民の参加を促しました。ところが、この法令が委任する手続き（都市計画法施行令10条の2）のみでは、住民の発意を受け止めるための組織の位置づけ（まちづくり協議会の登録、認定など）、助成措置、住民などを構成員とする協議会が作成した計画（まちづくり計画）に対する保障を満たすことができないため、住民発意による原案作成は不十分でした。そこで各自治体が独自に、委任事項以外の内容（住民の発意を地区計画案に導くための仕組み）を付加した条例を制定していきました。このような経緯を経ることにより、まちづくりへの市民参加は、一般的なものとなり、今では当たり前となりました。

このような市民参加のまちづくりに対する市民の意識の高まりも手伝って、実験的に多様なテーマでまちづくりを展開していったのが、この当時の特徴です［日本建築学会編 2004:23］。つまり、身近な課題から独特のテーマや関心事まで、まちづくりの様々な固有テーマ（例えば、歴史的建築の保存活用や防災まちづくりなど）の解決に対し、一点突破で対応しようとするテーマ型のまちづくりが求められたのです［日本建築学会編 2004:14］。そのため、個別のまちづくりに関して、様々な方法が開発され、具体的な技術が蓄積されていき、今日のまちづくりに活かされていきました。

このようにして、まちづくりへの住民参加が進んでいく一方で、行政においては、前述の第1世代で導入した「役割相乗型社会システム」などの趣旨が、導入当初に行政内部で十分継承されていませんでした。このことにより、早くも参加制度の形骸化や参加のマンネリが指摘されるようになりました。このような状況を鑑みた市民グループや消費者団体は、１９８０年代中期以降から地方政治に対して地方議会の議員や首長を擁立する等、市民の積極的な参加が見られるようになったのです。

このような社会状況に対して、１９９０年に荒木［1990］は「コプロダクション理論」に基づく協働[6]の概念を提起しました。この「コプロダクション（co-production）[7]」とは、１９８０年代のアメリカを中心に用いられた用語であり、行政サービスの消費者である市民を、そのサービスの「共同生産」者として捉え直す考え方です。この主体は、「行政（自治体職員）」と「住民」の「二者間」とし、「地域住民と自治体職員とが、心を合わせ、力を合わせて、助け合って、地域住民の福祉向上に有用であると自治体政府が住民の意思に基づいて判断した公共的性質をもつ財やサービスを生産し、供給してゆく活動体系である」と協働の三原則[8]を順守した定義を行っています。このことからも、新自由主義時代の財政・福祉サービス削減政策を１つの契機とするものですが、「共同生産」過程における市民の能動的な参加の可能性や行政側の組織変革も期待されるものでした［荒木 1990:239-241］。荒木［1990:239,241］は、この「心を合わせ、力を合わせ、助け合う協働の場」という概念を実現するものが「媒介構造[9]」だとし、この「媒介構造」を担うのは「地域の総合的機能集団としての町内会や自治会と、特定機能集団としての文化、体育、福祉、ボランティアなどの集団とが併立、対等の立場で結合し連携して活動することが期待され、そのとき媒介構造としての役割を組織の連立は果たしていくことになる」といった組織としました〔宮本 1989〕。この研究から「媒介構造としての組織の連立」をいかに作り出せるかがセクターを越えた協働関係の要となることを示しました。

１９８０年頃に民俗学の立場から鶴見和子、経済学の立場から宮本などが、第1世代で述べた「地域主義」の流れを汲み「内発的発展論」(10)という概念を提起し、広く周知させました。宮本は、自らの内発的発展は外来型開発に対置するものですが、外来の資本や技術を全く拒否するものでなく「地域の企業・労組・協同組合などの組織・個人・自治体を主体とし、その自主的な決定と努力の上であれば、先進地域の資本や技術を補完的に導入することを拒否するものではない」〔宮本 1990:55-83〕と述べています。これは、団体の組織力を利用・活用し、あくまでも「維持可能な開発」であることを重視し、さらに産業開発・産業振興は、地域の発展にとって不可欠です。

この従来の内発的発展論を内在的に批判する研究の立場をとる地域経済学者の中村〔2000〕は、「目的の総合性」、「特定業種に限定せず複雑な産業構造、地域内産業連関」、「住民の参加と自治」といった宮本の示した原則を全て正しいものと認めた上で、理念的で静態的であるといっています。つまり、「これらを基準に、現実の地域開発を結果として事後的に評価する場合には有効かもしれないが、内発的発展論の発展を創出する政策論として理解すれば、戦略的動態的政策論として発展させる余地がある」というのです。内発的発展論研究においては「農村や過疎地域の実践例から抽出された旧来の原則を繰り返すことなく、現実の地域からの多様な内発的地域振興の取組みに対し、いかにアプローチし、どのように評価し、いかにして内発的発展の方向へと誘導しうるかといった、イデオロギーにとどまらない、プラグマティックな問題意識や実証研究が重要」だというのです［中村 2004:21］。

このような内発的発展論が示す地域内の主体が連携した活動に関連した概念として、1993年に中田［1993,1998:17-28］が公共政策の立場から「地域共同管理」という概念を提起しています。中田は、「地域社会とは、人びとの生産と生活にかかわる、さまざまな範域（領域）と程度における地域共同管理組織である」とし、「地域社会は多様な範域のものの重層によってなりたつが、それぞれの層において相対的にまとまった共同（自治）の単位をなして地域を管理し、そのことによって構成員の生活の再生産を保障するとともに自己の組織化をはかっている」と定式化しました［中田 1993:38］。その後の研究で「地域共同管理」(11)を『上からの地域統合』と『下からの住民自治・参加』の「相反する2側面をもつ現象を事象としては1つのものとして統一的に把握する概念」と整理し、そこでの「管理」は「社会的な共同事務の処理（management）という意味も持っている［中田 1998:17］」と協働の概念を発展・整理させました。

これまでの社会状況と一変し、１９９０年代を迎えて間もない日本でバブル経済が崩壊しました。これを契機に、それまで顕在化し始めていた国家財政破綻をめぐり、公共事業の公益性そのものに対する批判の目が国民から政府へ向けられました。国民は「大型公共事業は、国民生活を潤わせるものというよりも、政治家の利益誘導のための道具として用いられたのではないか」という疑念を抱き始め、霞ヶ関の官僚批判と共に中央・地方の公務員批判へ発展していきました。さらには、国家のあり方[12]そのものを問う議論へと展開しました。

このように第2世代「実験とテーマ」と位置付けられた１９８０年代中期から１９９０年代初期の日本は、前世代の経験を基に実験的に行政側から市民側へ歩み寄り、試行錯誤しながらベストな付き合い方をまちづくりのテーマごとに模索していった時期だといえます。

「地域運営」時代：第3世代（1990年代後半から2000年）

バブル経済崩壊を契機に国及び地方ともに財政状況が悪化してきたため、従来型の公共事業が不可能となりました。また、財政状況の悪化により、公共サービスの水準の維持が困難となった政府の側からの要請により、地域運営の主軸に地域自立型の施策、住民主導によるまちづくりを支援する施策などへの移行を進めていったのです。このような社会状況に対して国民の「住民主導のまちづくり」への意識を容認させたのは、1995年1月に発生した阪神淡路大震災です。この出来事を契機に我国で多くの市民団体が生まれ、ボランティア活動が活発化しました。これらの団体や市民は、政府が担ってきた公共サービスの代替を行ったり、補完したり、従来政府の専任であると見なされてきた領域に進出することになりました。[13]

G・デランティが提起している「コミュニティの復活」〔Delanty 2003〕の概念は、日本が直面しているこの時期のコミュニティを示しているようにも思えます。古典的な社会学者たちは、コミュニティの消滅を確信していましたが、ここに来て事態は著しくかけ離れた状況であったといえます。このような社会状況を鑑み、国家機能の衰退を乗り越えるキーワードとして、これまで行政と議会が政府を管理し、職務を遂行することによって統括してきた「ガバメント」に代わる「ガバナンス」[14]に注目が集まるようになりました。

この「ガバナンス」が注目される背景には、グローバル化した世界の経済と情報によって、政府機能が制限されたことで「ガバメント」の非力さ[15]を露呈したからです。この点を改善させるために導入した「ガバナンス」という概念[16]は、「多様な形態の公的かつ私的な公私関係の相互作用や調整、とりわけ政策ネットワークの役割」〔Pierre J 2000:3〕に着目した「社会中心的」なものとして提示[17]したものです。また、経済のグローバル化がもたらした環境変化に対する国家の役割変化を理論的に提示しようと試みたものでもあります。

この問題提起の前提には、「個」として自立した市民が、相互に自発的協力関係を結び、積極的に社会参加することを通して社会生活のあり方を決定する民主主義の実現が想定されています。この想定を踏まえた上での連帯[18]に基づく信頼によって成立する連帯民主主義（associative democracy）の実現への提起といえます［Putnam 1993; Hirst 1994］。その担い手として多様なアソシエイションの可能性に期待しました。

日本では、このような社会状況に後押しされる形で、１９９８年12月にＮＰＯ法が成立しました。これ以降、セクターを越えた協力関係と地域マネジメントが、社会的に大きく注目を集めるようになりました。この動きを受けて各自治体では、市民参加条例・協働条例、自治基本条例等の環境整備が進んだのです。ところが、このような動きにも関わらず「ガバナンス」が失敗[19]しているとジェソップ［B. Jessop 2000］が指摘しました。この指摘により、１９９０年代半ば以降蓄積された理論研究も手伝って、セクターを越えた連携の「成功の側面」から「負の側面」についても議論や知見が深まってきました。

新川［2004:26-47, 2005:9-36］は、この問題に対する解決の方向性として、「セクターを越えた連携関係へも『監視、調査、仲介と調整、ガイドライン設定、失敗時の救済（権利救済）の主導』機能が必要であり、その担い手として、中間支援ＮＰＯ組織のインターミディアリー（仲介）機能、住民代表機関としての議会の審議・決定・監視機能、住民自身の参加・評価・統制を挙げ、それぞれが機能を果たすべきだ」と、セクターを越えた連携関係構築に対して、リスクを自覚する必要性と失敗を回避する手段を示しました。このような流れを受けた中で、住民参加による合意形成に関する法制度が整備されました。例えば、1992年に建設省（当時）が都市計画法を改正し、市民の意見を採り入れる機会を積極的に設けられるよう法律で市町村の都市計画マスタープランを義務付けたのです。このことにより、アンケート調査や住民説明会の他にシンポジウムやワークショップなどの新しい参加の仕組みを取り入れる自治体が増えました。また、道路整備などでは、政策形成段階で人々の意見を吸い上げるためにパブリック・インボルブメントという手法を取り入れるようになりました。[20] これらは、行政が人々からの意見などを承る場を提供するものです。

このように第3世代「地域運営」と位置付けられた1990年代後半から2000年代の日本は、日本の社会構造転換とも重なったことからも、行政や市民という隔たりをなくした上で、地域の運営をみんなで行うための仕組みづくりに着手し始め、各セクター間における付き合い方などといったベストな方法を模索している時期だといえます。

3　これからのまちづくりに求められることとは

２０００年以降の第3世代「地域運営」の現状

まちづくりに関する１９７０年以降の歴史的変遷については、前節で述べたものの第３世代「地域運営」は、２０００年頃までの説明しか行われていません。それから15年以上が経過した今、日本でのまちづくりや地域に関わる社会環境は、２０００年以降と２０００年以前では状況が大きく異なっています。特に２０００年以降の経済は、日本経済だけに留まらず世界経済全体に影響を及ぼす出来事が多かったのです。具体的には、１９９９年から２００６年までに行われた平成の大合併、税源の移譲、地方交付税、補助金の削減問題、地域における産業空洞化問題、２００８年9月のリーマン・ショック、２０１１年３月の東日本大震災という大きな変化・出来事に直面しました。

これらの出来事によって、２００７年から２０１１年の間の実質経済成長率は平均年率マイナス0.8％となり、それに伴う税収の減少や財政支出の増加は、政府債務残高のＧＤＰ比率２００％を超えました。これは、ギリシアを上回りＯＥＣＤ諸国中で最悪の水準でした［森川2012:60-65］。こうした状況の下、地方財政の危機などから自治体に依存した運営には様々な意味で限界が見え始め、地域格差の解消や地方経済の再生などが求められ、国民の身近な問題として意識されるようになったのです。このことに対する国の動きとして、「地方のことは地方で」という意識が強まり、地方分権が一層現実味を帯びてきました。さらには、高齢化に伴う社会保障支出の増加ともあいまって、若年世代・将来世代の負担が一段と高まることとなり、世代間格差が深刻な問題になってきました。

このような社会的要請もあり、２０００年頃から地方や地域での内発的な発展を図っていくことへの課題が顕著になってきました。これを受け、当時関心を集めたのが「地域運営」であり、その地域運営のあり方〔矢吹 2002:183-195〕や地域発展をいかに果たしていくのかといった議論が行われました。この議論は、「運営」ではなく「経営」でなければならないという方向に話が進んでいったのです。その理由として、それまでの活動実績ではなく、活動によってどれだけの効果・成果が上げられたのかを重視した業績評価を行う必要性が求められるようになりました〔海野 2011:126〕。つまり、漠然とした地域運営をするのではなく、地方や地域と言っても、経営ビジョンや目標を持って、地域経営という発想を基に地域マネジメント及び地域マーケティングを進めていくことが必要であるという考え方が用いられるようになってきました。この傾向は、主として地方自治体などの行政運営において、組織の維持「存続」でなく「発展」を目指すことを主目的に経営機能の導入を進めています。経営では、経営目標・ビジョンを共有し、組織内構成員が協働して、目標の実現に向けた活動を行い、成果が十分に得られるよう経営資源の統合・調整等の活動をしています［海野 2011:126］。

地域経営の成員が実行可能な行動・活動とは

現実社会に目を向けたとき、全国的に崩壊の危機にある自治会組織が多く、経営困難で活動存続が難しいNPO組織が多いのです。この点に関しては、内閣府も指摘［内閣府 経済社会総合研究所 2009］しています。このような地域内組織が脆弱な状態で、地域経営を行うための主体的組織を教科書通りに構築したならば、有名無実の組織が生まれても不思議ではありません。だからこそ、この問題を解決する方策として、産官民の協働による活動が地域経営では重要です。ところが、これらの問題の全てに住民が関与しています。このことからも地域社会を担っている各セクター組織の中で市民セクターが最も脆弱であることを露呈していることになります。私は、この点に着目し、市民セクター（民）に軸足を置いた活動が、今後の地域経営に求められると考えるのです。この部分を補強することで、海野が主張している大局的な視点に立った地域経営をより実践的なものとし、いかなる環境の地域であっても、本質・実質的に実行可能な地域経営に導くことができます。しかし、民は、組織構造的に他のセクターと大きく異なるため外見上はしっかりしていても、内実は脆弱な組織体です。企業セクター（産）も、行政セクター（官）も、その組織構成員は地域内から選抜された市民によって構成されています。その基本は、仕事を基盤としての集合体です。だからこそ、産や官に属する市民は、地域での活動も仕事として割り切って動くことができ、その仕事そのものに組織としての指揮命令がはっきりし、命令が発令されてからの行動も上司から直接命令が受任者へ伝わり、本人の意思に関わらず、任務終了まで職務を遂行しなければなりません。

一方の民では、自治会や町内会、まちづくり協議会などといった組織も、市民によって構成されています。この点は、他のセクターと変わりませんが、その活動の基礎となる部分が仕事ではなく、任意の参加による集合体です。さらには、他のセクターと異なり、民内の組織構成は、地域内の人間関係によってのパワーバランスで保たれています。つまり、地域内の住民全員が会員であり、その会員の中から選抜された者が地域の代表として任務に当たり、その業務そのものの基本が無報酬であるため、地域内のパワーバランスが大きく左右してしまう要因でもあります。市民の中には、地域内の職務をきちんと責任を持って最後まで行う人、中途半端に投げ出す人、口だけの人など様々な人がいます。そのような地域で責任を持って最後まで職務をこなす人は、一般的に希少です。このような組織構造上の特質が、まちづくりという地域全体で取組む大きな活動体の中で、住民を核とした様々な組織の動きが綻びとして目立つようになったように感じます。

一般的に会社には、営業種目というものがあり、会社ごとの専門性や強みを活かした経営を行っています。また社内には、総務部、営業部などといった組織が形成されており、職務内容も部署に応じて異なっています。それゆえ社員は、自分の仕事や職務範囲というものを認識しており、その範囲を逸脱しないように仕事をしています。このことを地域に置き換えて考えるならば、地域ごとに特性があることは当然です。地域で経営を行うからには、その特性を最大限に活かした活動を行い、地域内組織において誰もがわかる役割分担と、そこに関わる人材の職務範囲を明確にしていくことが望ましいのです。しかし、このような企業経営の手法を用いた活動経験が浅いため、行き当たりばったりの状況なのではないかと思います。つまり、地域内組織は、協働活動という聞きなれない言葉に翻弄され、周囲の人々は訳も分からないまま活動をし、目前の課題を消化することで精いっぱいというのが実情ではないかと思います。これでは、地域活動を楽しんで行うどころか、地域の伝統や仕来りというものを無意識のうちに守ろうとする使命感が、義務感へと変貌してしまっても当然であり、当たり前の結果ではないかと思います。このような状況が続く限り、地域内の活動という名の仕事の許容量を超え、地域崩壊を招きかねません。

地域経営は、地域と言う固定された場と人が中心となるため、紙の上の計画のように変更や修正などできません。地域経営で組織としての体はあっても、内実的な組織運営が弱かった民の補強を行う必要は不可欠です。それゆえ、他のセクターとの協働活動のあり方を改めて考え直し、実体験を基に実効性あるものに導くことが重要であるといえます。そのような意味で自分の関わる地域を自分たちの生活の中で実行可能なささやかな活動（見守り、補修や修繕など）によってメンテナンスする行動は、今後展開していく地域経営の中で基本的な考え方に位置するのではないかと考えます。

これからのまちづくりに求められることとは

地域をメンテナンスしていく動きが、これからのまちづくりにおいて重要になると述べました。その事例が、２０１３年４月13日に阪神淡路大震災と同じ震源地で再び地震が発生した時の市民の動き方です。同日のマスコミ報道を見聞きすると、住民自身が１９９５年の出来事を教訓にして、いつ起こるかわからない災害に備え、常日頃から計画的に市民防災の観点からの練習を積み重ねてきたと言っていました。結果、その時の教訓が生かされ被害も少なかったのです。全国では、類似した取組みが多く行われ、常日頃からのつながりが、有事に役立つことから子どもを巻き込んだ活動へ進化していますが、まだ一部の動きにしか過ぎない現実もあります。このような当たり前のような活動も、現実社会での実行は難しいのです。そのような中でアメリカは、「ガバメント2.0」というスマートフォン・アプリを活用した市民参加型のまちづくりに関する社会実験を実施しています。[21] この実験とは、行政政策や地域の活動に市民が参加すれば、より良い行政が実現できる前提で、市民の力を借りた「救急救命のネットワーク」、「パブリックコメント」[22]、「治安自治（犯罪に対する通報など）」などや「公共施設のメンテナンス」を市民に担ってもらう取組みでもあります。日本では、千葉市などでも社会実験がスタートしています。[23]

スマートフォンの登場は、情報機器によってインターネットをより身近なものにしてくれました。しかし、どのように優れた機械が登場しようとも、住民の行動は、機械みたいにプログラミングした通りには動けません。最先端のデジタル技術と生身の人間が有するアナログ的行動のバランスが、今後の市民活動を左右すると考えます。だからこそ、人間を対象にした取組みを行うのであれば、２０１３年4月13日の地震時の市民による行動のように平時からの練習の積み重ねが人々の生活や公共における安全・安心を確保する上で、最も確かな手法です。現実問題として、行動を伴う住民ネットワークの構築は必要不可欠ですが、現実社会では非常に困難です。この視点を普及させようとした考え方に藻谷らが提案する「里山資本主義」［藻谷 2013］も登場しました。この考えの本質は、自分たちの住む地域資源を活かしながら、住民主体で生き残りをかけた取組みが重要だということです。すなわち、「他力本願から自力更生」の思想の普及です。この考えとそれに伴う成功事例を基に全国へ普及させようと尽力するものの、多くの地域が理想と現実の狭間で、今尚どうしてよいのかわからないでいるのが実情だと考えます。地域をメンテナンスする行為は、人間のアナログ的行動の理解を中心に、市民自身が自分たちのまちを自分たちで日常生活を通じての地域活動をしながら、地域を発展させていくために何をどのようにしていけばよいのかについて考えていきたいのです。

これまでのまちづくりに関する研究では、「メンテナンス」という言葉は使用されていませんが、類似した表現もしくは、このことの重要性を示唆する研究は無数にありました。これらは、一層市民の参加を促したいという期待を込め、まちづくりに携わる研究者1人1人が地域社会に対して何らかの関心や思いを抱いているからこそ、自然なことと言えるかもしれません。ただし、これが学問上の論考という形式をとることはありませんでした。少なくとも、市民の行動を規制するような条例と言った法律上のことは、研究する上において学問的に取り扱うことは可能でした。またアソシエイト(24)による行動は、多くの研究がなされていますが極一般的かつオープン的な視点に立った市民の行動領域までをまちづくり研究の中の一領域として取り扱う研究は少ないのです。今後は、この領域までを研究範囲とした研究が求められるようになるでしょう。

この視点は、当然なことであり、自然なことですが、これまで意識的に認識されることがほとんどありませんでした。これは、広い意味での市民を研究対象として取り扱いたいと考えても、あまりに漠然とし過ぎて、どこから手を付ければよいのかがわからなかったと考える方が自然です。この現状を打開する考え方の1つとして、「地域をメンテナンスする」という考え方を提案し、この提案によって「まちづくり」の学問レベルを押し上げたいのです。私は、この提案を契機に今後、地域社会や地域活動、さらにはそれらを構成・機能させている広い意味での市民とどのように向き合っていくべきかという議論をもっとまちづくりに関する研究の表舞台に引き出していく研究を行っていきたいのです。

注

(1) 都市の人間関係は、表面的にバラバラにコミュニティが喪失しているように見えるが、決してバラバラではなく、組織化されている。単に、その組織化のされ方が、全体社会と異なっているため、齟齬が生じ、問題が生じているというものである。

(2) この行為は、政府という統治構造自体を大幅に変更させることなく行うことができた。

(3) 都市が、拡大する過程で都市の中心地、特に都心の外周をなす地域の住宅環境が悪化し、夜間人口が減少して、都市空間としての機能が低下する現象。歳の衰退として考えられている(百科事典マイペディアの解説「インナー・シティ問題」2017年7月閲覧)。

(4) 自治体が独自の総合的なまちづくりの目的を達成するために、自治体独自の計画や基準を定め、これに基づき開発や建築を総合的にコントロールする仕組みを定めた条例[似田貝・大野・小泉・林・森反

2008:587]。

（5）「まちづくり条例」の適応範囲も、広がりを見せ、その意味や範囲も多様であることから、未だ明確な定義がない。

（6）荒木［1996:2］は、「協働とは、ある種の目標達成のために関係者の主体的な役割が体系化されている状態を意味し、その状態を組織という概念で示すもの」と指摘した。

（7）この言葉は、1977年にアメリカ・インディアナ大学のヴィンセント・オムトロムが「地域住民と自治体職員とが協働して自治体政府の役割を果たしていくこと」という意味を表現するためにつくった造語である［平 2002:3］。

（8）①目的共有の原則：共通する地域社会の課題の解決に向けての協働作業の目的が何であるかを、市民・市民団体と行政がともに十分に理解し、共有する。ただし、主要な目的は共有する必要があるが、共有できない部分があっても、互いに相反しない内容であれば協働は成立する。後述の（＊）も参照。

②相互理解の原則：相互の存在意義や特性を認識し尊重した上で、NPOを核とした市民セクターと行政セクターがそれぞれの長所・短所や立場を理解し、互いの存在を尊重することにより協働が円滑に行われる。また、行政は市民・市民団体の自主的な活動を尊重し、それらに不当な干渉をしたり、自由を侵害したりしない。この原則を確立するためには、行政は説明責任が求められるとともに、市民の感覚・思考を十分に学ぶ必要がある。一方、市民は行政に要求するだけではなく、行政の話を聞き理解する努力が求められる。

③対等の原則：対等の立場で協働を進めるためには、双方が対等の関係であることが重要である。タテではなくヨコの関係にあることをお互いに常に認識し、各々の自由な意思に基づき協働する。また、市民・市民団体、行政ともに協働の相手に対して必要以上に依存しない。

(＊) この原則を満たすか否かは目的の内容による。例えば、「安全な地域づくり」といったように共有できる目的は多く、比較的確保しやすい原則である。
(9) 「媒介構造」とは、「行政と市民の中間に位置し、公共的領域の問題について行政から市民へ、市民から行政へと両面交通的橋渡しの役割を演じる」ものである [荒木 1990:239-41]。また、「地域社会には、様々な住民活動組織が現に存在しているが、それらは現状のままでは行政と市民の協働を促す媒介構造になりえない」と述べ、「そこで求められるのは、地域に介在しているそうした様々の活動組織が互いにどのようにかかわりあい連携し合って協働の利益を追求していくかということ、そして、そのためにどのような仕組みとルールをつくっていくかという点」であるとした [荒木 1990:250]。
(10) 内発的発展を「地域の企業・組合などの団体や個人が自発的な学習により計画をたて、自主的な技術開発をもとにして、地域の環境を保全しつつ資源を合理的に利用し、その文化に根ざした経済発展をしながら、地方自治体の手で住民福祉を向上させていくような地域開発を「内発的発展 (endogenous development)」とよんでおきたい。」と定義した [宮本 1989:294]。
(11) この「地域共同管理」での担い手については、町内会・自治会等の住民自治組織だけではなく、「①地域を代表する組織 (単位自治組織) として地域共同管理を行っているもの、②一部の住民グループあるいは事業体として共同管理を行い、またはこれに参加しているもの、③住民個人であるが、ボランタリーに共同管理に参加しているもの、④行政が直接行うか、住民の行政協力員に委嘱して間接的に地域管理を行うもの、⑤これらの複合的協力 (組織) によるもの [中田 1989:24]」と重層性を指摘した。中田の研究は、アクターの重層性と同時に秩序性が追求すべき課題であることを示した。
(12) 人々の暮らしを支える社会福祉・医療・教育領域への大幅な財政削減、その一方で軍事費の肥大化、公共事業の拡大など政策運営。

(13) 利益追求のみを求めない企業も同様なことが言えるが、議論を市民団体に絞るために省略した。

(14) 「ガバナンス」の語源は、ラテン語で「舵取り(steering)」を意味する[藤松 2006:62]。この言葉の意味からも、社会における「舵取り」を誰が担い、どのようなシステムを用いるのかによって多様な見解が示されることになる。提示のされ方により「ガバナンス」という概念も多岐になる。

(15) 中邨[2003:31]によれば「代表民主制は、環境問題や人口の爆発的増加、あるいは貧困や失業、それに移民の急増や国家間の敵対意識の増幅など、今日の社会が直面している数々の難題になす術を知らない。民主制はそれらの困難に対して, 解決策を見いだせない状況にある。政府や自治体が非力であるということは, 国民一般の目に一段と鮮明になった」と指摘する。

(16) Stoker[1989]やWoods[1999]はガバナンスの概念を、①組織による高レベルの管理やマネジメントという意味でのガバナンス、②自律性、効率性、合理性等の市場原理に求められる指標を行政に導入した国家の制度能力の強化が、国家のガバナンス能力を高めるという意味での新しい行政管理としてのガバナンス、③様々な制度や社会の諸組織を経済的あるいは社会的調整のひとつのあり方として設定し、それを政府の役割や意味の変化によって用いられるガバンナンス、という3つに整理している[Stoker 1998]。

(17) この議論の中には、国家中心的にどのような戦略をもてば、国家は経済や社会を「舵取り」できるのかといった旧態依然の議論に止まるものもあった。

(18) 市民社会の公共化や市民的共同体における市民性の獲得を目指したものである[Putnam 1993; Hirst 1994]。

(19) ガバナンスの失敗として、「①セクターを越えた協働事業は、社会的成果を生み出すが、成果の配分をめぐって競合関係が生じる可能性がある。②逆に協調とコンセンサスを過剰に重視すると、変化への対応を可能にする学習や創造的な緊張感を阻害するおそれがある。③説明責任に時間と費用をかけてオープンな決定をしていかなければ新たな主体の参加や信頼を獲得することは難しいが、迅速な決定・実行を抑制してしまう可能性も生じてしまう」を提起した。

(20) 従来の市民参加と比べて、計画段階から参加を図り、参加の対象も市民だけでなく、様々な関連団体も含まれている。

(21) 「ガバメント2.0　市民の英知が社会を変える」、ＮＨＫクローズアップ現代、２０１３年4月1日放送)

(22) 「行政手続法」導入によって、一般的に制度化された。同法第6章において「意見公募手続き」という語が用いられており、この語と同意語として「パブリックコメント」という語が用いられている。一般的には、「パブコメ」という通称で呼ぶことが多い。

(23) 「ガバメント2.0　市民の英知が社会を変える」、ＮＨＫクローズアップ現代、２０１３年4月1日放送)

(24) アソシエイトとは、「仲間」という英語である。この言葉が示す意味からアソシエイト的市民とは、学校や宗教、会社など、ある意図をもって集まった任意の集団を構成している市民のことを指す。そのため、それ以外の一般的な市民は、自らの裁量による決定権を有しているため統率が効かないが、アソシエイト的市民の行動は、市民の所属する集団内である程度の統率が効く。

第2章 「地域メンテナンス」の姿

1 活動の見通しを立てることから始めよう

前章では、まちづくりに関する歴史的変遷を辿りながら「地域メンテナンス」という活動の方向性と必要性について述べました。本章では、このことを受け「地域メンテナンス」という活動において、具体的にどのような点に注力した活動をすればよいのか、その活動の評価軸とは何かについて明らかにしていきます。

この点を明らかにすることは、これから活動する者にとって意義のあることです。つまり、実際の活動を前提に考えた場合、実務者は活動そのものの全体像としての行動の見通しがなければ不安で仕方ありません。それればかりか、実務者が現場で躊躇した行動を行った場合、周囲に不安を与えてしまいかねないからです。だからこそ、活動の方向性を示すことができなければ、現場に適応・対応させることすら難しいのです。

前章での議論における問題点として、①現在までに確認されている、まちづくりに関する数多くの概念が、発展途中であり、今後の社会動向に委ねるものや問題提起で終わっているものなど状況が様々であること、②実社会での地域経営では、市民セクターの補強が必要であることの2点が上げられました。しかし、問題点を浮き彫りにしただけで、今後の方向性や解決策としての補強方法などを明らかにされていません。

このような研究状態は、「地域メンテナンス」に限ったことだけではありません。まちづくり研究の萌芽期においても同様な進化過程があったと推測します。今でこそ、まちづくりは理論的体系化がなされ、科学的な視点を持って研究する状態になっていますが、この段階に至るまでには、**表1－1**で示したように長い時間をかけて多種多様な分野の研究者が多く関わり、研究の上に次の研究を積み重ねることで、今のようなまちづくりの形を成していったのです。

このようなまちづくり研究を鳥瞰的に見た場合、直接現場に携わる手法をとる研究には、大きく2通りあることに気づかされます。

1つは、建築や都市計画分野などに多く見られる、まちを包括的に取り扱う研究を中心にしたまちづくりです。建築や都市計画分野におけるまちづくり研究は、他の研究分野に先駆け、まちやムラ、都市を包括的に捉えることで、まちづくりを科学的に研究し、理論的体系化を図ることに大きな成果を上げています。

もう1つは、福祉など人々の生活に直接的に関わるようなテーマ性ある研究です。この研究手法の特徴としては、ある特異例から一般例に置き換えていくことで、現場で働く者たちに有益な情報を与え、人々の行動の変化を基に体系的なまちづくりへと導く研究です。

そのため、後者のまちづくり研究では、前者の研究を基盤にテーマ別・専門的視点から研究展開を図っていくことが多いのです。つまり、専門的活動を行うためには、全体的な流れの中で、その研究の位置付けを明らかにしなければ、研究体系の意味をなさないことを意図しています。

そこで、その手始めに「地域メンテナンス」という活動の流れや見通しを立て、大枠として全体像を示すことから始めます。その示し方は、まちづくりに関する既往研究からではなく、新たな角度として「まちづくり」の最小単位となる人間とその集合体の関係から市民行動を見直していきます。その上で、前節で示したまちづくりに関わる概念が示す問題点や明らかにしなければならない事柄について分析を行います。この分析から一旦、「地域メンテナンス」活動の全体像を明らかにした上で、実社会における地域経営に関する問題点を重ね合わせることで、具体的な活動のあり方とは何かを示します。

「参加型まちづくり」とは、地域住民が中心となり、その地域のまちづくりに関する計画の作成や、その実現・運営を専門家等の様々な主体に支援されながら活動することです。この活動については、建築・都市計画の分野を中心に多く議論されてきました。

このような「参加型まちづくり」の実践が始められて半世紀近くが経とうとしていますが、特に１９９０年代後半からの地域づくりに対する気運づくりや合意形成をサポートするワークショップなどの「参加型まちづくりの技術」は進歩を遂げ、都市や地区のマスタープラン作成過程において個別具体事業に対する市民参加の位置づけを明確にしてきました。その成果として「参加型まちづくりの制度」が、各地での実践を通じて開発され、日本ならではの技術と制度が蓄積されたのです〔米野・饗庭・岡崎・早田・薬袋・森永 2001:101-12〕。

この制度は、その後幾度と無く訪れる希有な大規模災害などの発生によって地域内の産官学民による協働参画社会の重要性がクローズアップされ、「参加型まちづくり」の重要性を認識するようになりました。しかしながら、この協働参画社会に関する研究は進んでいるものの一般的に理解されがたく、イメージし難い状況にあります。この状況を解明する上でのヒントとなる研究として、経営学の分野に「組織行動論」という研究があります。この「組織行動論」は、１９５７年頃、ハーバード学派の人間関係論を基盤とした研究を行うフリッツ・ロスリスバーガーが、アメリカでその名称を呼称したことが始まりとされている学問です〔今林 1995:75-89〕。

このことからも「組織行動論」は、「人間関係の行動科学」的視点からの研究だといえます。特に、協働参画を構成する産（企業）・官（行政）・民（市民）の３つのセクターにおいて、産・

官の2セクターは、アソシエイションとしての組織体系が名実ともに整っていることが、研究のロジック構成と結果のアウトプットのわかりやすさから多くの研究がなされています。

ところが、市民セクターは名称上、組織として存在しているもののアソシエイションではなくオープンシステムによる組織[1]という性質が強く産・官に比べ脆弱かつ特異な組織です。それゆえ、一般的なアソシエイションと同じように捉える事が難しいです。このような市民セクターの行動は、産・官セクターと異質な組織形態だと認識した上で取り扱うことが望ましいのです。このことから学問上、一般的組織[2]を論じる「組織行動論」と区別して、市民セクターを「組織市民行動論」として論じています。

当然、この「組織市民行動論」は、市民に焦点を当てた研究が多いです。ところが、市民という視点であっても、アソシエイションの成員を市民と見立てた研究であり、町内会組織などといったオープンシステムによる組織の市民ではないため、既存の組織市民行動の考え方を用いたとしても、直接的にまちづくりへ組織市民行動の考え方を用いることは難しいです。だからこそ、まちづくりでの組織市民行動は、既存の組織市民行動の考え方とは異質なものとして取り扱い、現状に即した組織市民行動の考え方に修正しなければならないと考えています。

このことからも、オープンシステムによる組織とその構成員を対象とした「組織市民行動論」に接近した研究を試みる必要があると考えます。また、市民とまちづくりの関わりを促進させる上で、市民参加型まちづくりを行う社会状況とまちづくりの流れを意図する「まちづくりの成長過程構造」が明らかになっていないことから、市民のまちづくりへの参加と活動・行動のあり方がイメージできずにいます。このことが、まちづくり活動が思うように普及しない要因の１つとして考えられます。

本章での目的は、アソシエイションによる市民でなく、オープンシステムによる組織を構成する市民を対象とした組織市民行動について考究することで、協働参画社会における参画型まちづくりと市民との関係構造とは、どのようなものなのかについて明らかにします。

2　既往研究からみたまちづくりでの市民行動

組織市民行動とまちづくり活動

直接的な仕事でなく、組織のためになるような自発的な行動は、組織市民行動（Organizational Citizenship Behavior）と呼ばれ、近年日本でも多くの研究がなされるようになりました。このような組織市民行動（以下、ＯＣＢ）について、デニス・オーガン＆Ｍ・クロンオスキー［Organ and Konovsky 1989:157-64］は、「組織に貢献するさまざまな個人的行動のうちで、強制的に任されたものではなく、正式な給与体系によって保証されるものではないもの」と定義しています〔田中・林・大渕：1989〕。

このOCBの定義から一般的に美徳的な行動のように受け止めることもできます。このことは、経営学の視点から分野を変えてOCBをみた場合、ボランティア活動に類似した概念でもあります。すなわち、個人が会社などの組織内において公共の利益向上のためのボランティア活動をしていると言い換えてもおかしくはありません。この裏付けとして、西田〔1997:101-122〕による面接調査から「OCBの多くは、自分自身のために行われている」という結果が得られている。さらに田中・林・大渕〔1989:125-144〕は、功利的コミットメントの影響をOCBが受けているという結果から「見返り」を期待してOCBを行っているという可能性を示唆しています。

潮村、松岡〔2005:27-47〕は、職場集団でのOCBが「内因的な過程動機」「内的自己概念動機」によって規定されていることについてOCB尺度を用いて明らかにしています。具体的には、①内因的な過程動機に基づく仕事や課題に恵まれていない人ほどOCBを積極的に行い、自分自身の役割、仕事、課題の価値を見出しているというダイナミクスが推量されます。②拡大した仕事をさせてもらえない人ほど、職場における自分の存在価値を示すためにOCBを行う傾向が強いのです。これらの結果からOCBは、自分自身の納得感と他者に対する印象管理の側面をも有しているのではないかと考えさせられるものでもありました。

さらに、本研究対象に近い研究として、大学生のサークルを対象にした調査結果がありま す。この結果から大学生のサークルにおけるＯＣＢは、「内因的な過剰動機」、「内的自己概念動機」、「内集団の評価」によって規定されるというものです。具体的には、①行動自体の魅力に動機づけられていない人、②現状より高いレベルに到達したいと思っている人、③自分が属しているサークルを高く評価している人ほどＯＣＢを行う傾向にあるというのです。このＯＣＢとモチベーションの関係としては、①内因的な過程動機が低い人、②内的自己概念（自分の内部評価）を高めたい人ほどＯＣＢを行う傾向が強いといいます。この結果から、内因的な過程は「負」の、内的自己概念は「正」の有意な関係性を持っていたことが明らかとなりました。

田中［2012:14-21］は、過去の研究結果からＯＣＢを進んで行う従業員は、一般的に自分の仕事に積極的で、退職意図や欠勤率もおしなべて低く、業績評価も高い傾向にあるという。このことについては、ＯＣＢと組織全体の業績との間に、かなり高い相関関係を示しているとポドサコフ、マッケンジー、ムアマン、フェッター［Podsakoff, Mackenzie, Moorman and Fetter 1990:107-42］のメタ分析によって示めされています。すなわち、従業員がＯＣＢを盛んに行うほど、組織全体の様々な業績指標が高い傾向を示しているのです。

このような傾向は、近年生まれた特別な傾向なのではありません。１９９０年代以前の日本の職場では、誰もが職場のため、組織のために良かれと自発的に働いていました。この姿は、日本の職場で伝統的に根付いていた就業姿勢であり、ＯＣＢに相当するようなものが多くありました。だからこそ、取り立ててその部分だけを強調するかのように「ＯＣＢ」などと称することもなかったのです。

ところが、イートウ、チャン、ミロシェビッチ、ジョンソン〔Eatough, Chang, Miloslavic and Johnson 2011:96, 619-632〕の研究からも、先人が作り上げた働く者のための処世術としてのＯＣＢを行わなくなっているそうです。その要因として、成果主義の影響、雇用形態の多様化の影響など様々考えられますが、明確なことは明らかになっていません。そのような中でＯＣＢに関し、①毎年入社して来る新人へ先輩社員のＯＣＢは多少なりとも現存しています、②成果主義的賃金制度の下では、明示的に報酬を受けない行動（すなわちＯＣＢ）に対する従業員のモチベーションを失わせかねないといったことが明らかになっています。イートウ、チャン、ミロシェビッチ、ジョンソンのメタ分析によれば、従業員に対する職務負担の過剰感を感じたり、職務上の役割葛藤が生じた時にＯＣＢは優位に減少するそうです。

現代社会においてのＯＣＢは、賃金や見返りに反映しない負担の産物でしかないのかもしれません。しかし、実際の組織や職場には、今も昔も変わらず誰にも割り当てられない職務が常に相当数存在し、職場で行われている職務に必要な全ての活動をフォーマルな組織図や分掌規定で完全に網羅することは事実上不可能なのです。このことは、まちづくり活動にも同様なことが言えます。

市民は利己的なのか

まちづくり活動では、前述したOCBを効率よく機能させる観点から様々な立場の研究者や活動家が、多くの研究成果やそれに伴う技術・手法などを発表しています。しかし、まちづくり分野などでの研究では、直接的に市民へ焦点を当てた研究や技術・手法を提案しているものが少ないのです。

その背景として、地域が個人の集合体であるため、会社や行政を代表するような系統立った組織となっていないのです。一般的に人は、利己的な生き物であり、その個人によって地域の自治組織などが構成されているがゆえに「利己的な集団」だと多くの人々から認識され、それが当然のように人々の意識に一般論として刷り込まれています。このことに関してヨハイ・ベンクラー［Benkler 2012:8-23］が、「人間は、本当に利己的なのか」について論じており、次のように要約することができます。

アダム・スミス［Smith 1789］が、『国富論』の中で「人間は利己中心的で、その意思決定は費用と便宜の合理的な比較に左右されているため、自由市場における人間の行動は公益に資する傾向がある」という「見えざる手」を述べていることからも明らかです。また、進化生物学者のリチャード・ドーキンス〔Dankins 1976〕は、『利己的な遺伝子』の中で「私と同様に、個人個人が共通の利益に向かって非利己的に協力し合うような社会を築きたいと考えるのであれば、生物学的本性はほとんど頼りにならぬということを警告しておこう。われわが利己的に生まれついている以上、われわれは寛大さと利他主義を教えることを試みてみようではないか」と述べています。つまり、アダム・スミスの『国富論』から２００年経過しても「人は利己的」であることは変わっていないということです。このように利己的合理性モデルは、どの時代も筋が通っており、人間行動の様々な領域に当てはまるものと見なされるようになってきています。

この利己的合理性モデルは、経済学でも主な表現手段となっています。ところが、生物が進化するように経済学の分野でも大きな変化が起こっています。それを顕著に示しているのが、研究成果を発表した時代によって主張内容が異なり、さらには社会的にそれが認められる事例です。

具体的事例として、ノーベル経済学賞を受賞したゲーリー・ベッカー〔Becker 1968:169-217〕による主張：「厳罰化と警察による取り締まり強化が犯罪を減らすための方法」と、エリアノ・オストロム〔Ostrom 1990〕による主張：「厳罰化ではなく警察と地域社会の人間的な協力体制によって犯罪を削減している」の2事例があります。このタイトルからも明らかなように2つの主張内容は、正反対の主張です。つまり、22年間で社会状況が変化し、人々の物事の考え方が変わったことを示したことになります。

このような社会環境の変化から社会科学や行動科学の研究者たちの間では、協力の仕組みに新たな関心が寄せられ多くの実験が行われています。例えば、心理学の分野では、リーベルマン、サミュエルズ、ロス［Liberman, Samuels and Ross 2005:1175-85］による共同研究「常に利己的かつ合理的アクターとして振る舞う人と、そうでない人がいたら、世の中はどうなるのか」があります。この実験は、実験参加者の半分に「コミュニティ・ゲーム（力を合わせて課題を解決していくゲーム）をする」と伝え、残る半分に「ウォールストリート・ゲーム（どれだけ儲けられるかを競うゲーム）をする」伝えます。それ以外は、2グループすべて同じ条件で実験を実施しました。

その結果、コミュニティ・ゲームのグループでは、70％の人が最初から最後まで協力的だったのに対し、ウォールストリート・ゲームのグループでは、70％の人が協力し合わなかったのです。また、最初、33％の人が協力的でしたが、相手が反応しないと協力を止めたのです。この結果から「人間は、みな同じではないということ」、「人は、文脈（つまり、ゲームの流れ）に影響される」といったことがわかりました。この結果からリーベルマン、サミュエルズ、ロス

〔Liberman, Samuels and Ross 2004〕は、「① 協力について、ゲームの趣旨を見た方が、正しく予測できること、② 自己利益を優先すると思われた参加者でも、ゲームの趣旨が見直されると協力的な態度に転じる」という結論を導き出したのです。

進化生物学の分野では、「遺伝子上の関係がある」という前提で協力行動を研究してきましたが、「遺伝子上無関係なものもある」ということで完全に説明できなかったのです。その後、ピーター・リチャーソン＆ロバート・ボイド〔Richerson and Boyd 1985〕という2人の人類学者による「遺伝子と文化の共進化」の研究から「文化的慣行は、それを取り入れる人たちの遺伝子の発展に影響を及ぼす」ということを導き出し「遺伝子と文化は共進する」といった結論づけを行っています。

政治学の分野では、ファウラー、ダウェズ、ベイカー〔Fowler, Dawes and Baker 2008:233-48〕による共同研究『『協力の文化』の遺伝的要素はどのようなものか」という視点からの結果から「遺伝子によるものでない」という結果を得ています。ブシャール、ライクケン、シーガル、テレゲン〔Bouchard, Lykken, MvGue, Segal and Tellegen 1990:223-228〕は、心理的あるいは人的な違いが遺伝に及ぼす影響などを調べた結果「外向性、情緒安定性、協調性、開放性などの人格性では遺伝性は認められたものの、共有環境要因（家庭など）は人格と相関性がなかった」という結論でした。つまり、協力行動と遺伝子には関係がないということです。

これ以外にも多くの分野で研究が行われていますが、M・A・ノワク［Nowak 2006:1560-1563］は、科学雑誌「サイエンス」で様々な「協力の進化」に関する先行研究を基に「おそらく進化の最も注目すべき側面とは、競争社会でも協力を生み出す能力です。したがって『突然変異』『自然選択』に次ぐ進化の第三の基本原則として『自然協力』を加えてよいのではないか」とまとめています。

このM・A・ノワクによる協力の進化論からも、人に協力してもらうという行為には、これまでのような統制又はアメとムチを使って人々のやる気を引き出すというやり方には無理と限界があるということを意味しており、私たちが行う地域活動において人々からの協力を得るためには、今後の方法如何によって可能をつくり出せることを示唆しています。

まちづくり活動は、チームプレーをするスポーツのようなもの

このように「人は、利己的ではない」と主張しても、利己を神話のように信じ込んでいるため自分自身の考えを変えようとしないのが現実です。前述したように２００年もの間変わらなかった歴史に裏付けされている既成事実が人々の考え方を変えさせないのだと思います。

事実、実際の生活の中でも、自分自身の身の回りで利己的な行動をとっている人がいる現実があります。一般的に我々も、自分自身に関する考え方が固定化してしまうと、この部分的な

事実を受け止め、いかなる証拠に遭遇しても、自分の先入観や前提とつじつまが合うように解釈してしまいがちです。このような習慣の力によって、人間の性質に関する誤った認識や考え方も証拠として取り扱われ、定着してしまいます。

これをより複雑化させる誤った行動として、人は複雑なことを簡単でわかりやすく説明しようと、理解しやすい、あるいは記憶しやすい物事に執着する傾向の心理（認知的流暢性）を働かせてしまいます。この傾向は、地域活動に参加した人々が、まちづくり活動を「仕事」に置き換えて捉えようとする姿勢から窺い知ることができます。つまり、まちづくり活動における市民の適応性、創造性、革新性は、個人や自治組織が成功するための必須条件のように思われますが、これらの資質とビジネス（仕事）との相性はよくなく、水と油のような関係です。

地域の発展や活性化は、いつ、どこで、誰から生まれてくるのかわからない現代社会の中で、特定の文脈の中での可能性に期待するよりも、内発的な動機づけによって先の資質を発揮させる方が重要だと考えます。ところが、効率性を求めるがあまり、人々の誤った認識による利己的な人々への対応策として必要な「市民の社会的適応によって問題解決」をするよりも「技術を用いた問題解決」をする方が、即効性があり、確実な方法として、その技術を学ぼうとします。

それが「市民参加のまちづくり手法」などといった技術なのです。ここで問題にしたいことは、技術を学んでも使い方が悪ければ何の成果も出てこないということです。一部かもしれませんが、まちづくり活動に関する勉強会などに参加する人は、一生懸命に勉強をします。このような人の多くは、「自分の地域をよくしたい」という強い信念を持って参加し、1回毎の講座が終了する度に「今日もためになった」と満足感を噛みしめます。ところが、全講座終了後の実践活動に、受講生らは参加していないことが多いのです。すなわち、講座を受講すること自体が目標となってしまい、肝心の地域への貢献活動には結びついていないのです。また、多くの参加者が、これまでの社会人経験が豊富にあるため技術を学べば、自分たちだけで地域の問題を解決できると誤解しています。

同じ人間で構成された地域と会社であっても、成員の集合目的が異なるため異質なものです。特に地域住民は、オープンアクセスによる組織成員であることからアソシエイションの組織成員のように系統たって統制を取ることは難しいのです。さらには、成員全員が目標達成のためのトレーニングを日頃から行うことも難しいのです。一般論として、多くの人々は後述する「絶対矛盾的自己同一(3)な行動」を行う傾向にあります。そのため、学校教育のように段階を応じた活動（教育課程で例えるならば、小学校↓中学校↓高校↓大学というように）を幼少期から行うことでオープンアクセスによる組織成員へのトレーニングは不可能ではないと考えます。ところが現場にいる人々は、大学で学ぶような高度なものを知識として学びたがり、学べばすぐに問題解決ができると考えます。現実は、1人のリーダーが問題解決するのではなく、地域成員が協力・協働しながら行うものです。それゆえに上手くいかない現実があります。

行政は、地域にリーダーが絶対量不足している課題を解決するため行政などの仲介によってコンサルタントと称する専門家が介入し、リーダーを育成しながら地域の抱える問題を解決していくといった一石二鳥的な取組みを行います。通常上手くいくケースが多いのですが、そのコンサルタントも、ビジネス的関係での関わりのため本当に必要な実践活動までお付き合いすることはありません。

コンサルタントの多くは、次につなげることを考慮したプログラム提供をし、その地域の人々が基礎的なこともできない状況がわかっていても、受講者のニーズに合わせて対応してしまうことが多いのです。それゆえにコンサルタントがいる時といない時で活動に大きな差異が出てきます。結果として、失敗してしまうケースが多々あるのです。

まちづくり活動の根幹は、スポーツのように体と技術が同時に機能し、持続性ある取組みに育てなければ地域の成長はありえません。だからこそ、その地域に住む人やその地に関係する人や各種団体によって協力・協働に基づく実践的な行動を行い、誰の目で見てもわかるような成果を出していき、自分たちで地道な活動をしなければ真の参加型まちづくり活動だとは言えないのです。

3　まちづくりと市民の関係における問題の所在

前述してきたまちづくり活動の現状から、まちづくりと市民との関係について仮説的に要因を整理し、この問題の所在を明確にする試みを行います。

無関心を装う人々

「協働や連携した活動」は、言葉上、皆で地域にある社会問題を解決するといったイメージを誰もが持っています。ところが、現実社会に目を向けた時、協働や連携の存在を感覚的に知っていても、身近な場面でその活動を認識することは少ないのです。一般的に誰もが理解できる事例としては、災害後の草の根活動などが挙げられます。この活動では、「自分の行うことのできる行動」、「自分が行うべき行動」、「組織として行うべき行動」を理解しています。そのため、理想的な協働や連携といった活動ができます。それゆえ、有事がある度にコラムニストたちは、「平時から準備しなければ」と言います。

しかしながら人は、紙の上に書いたような行動をとることはできません。誰もが、わかっていても行動しないのは、「する必要のないことはしない」ということです。目的のない行動は、無駄だと感じている人が多いのです。例え、そこに解決しなければならない問題があったとしても、解決策があり、自分たちで行うことの意義が明確であって、必要性に駆られて、やっと行動に移します。このことは、我々の身近なところにも存在しています。また、その意義が明らかになっても、自分たちの手に負えるものかどうかということも大きな判断材料になります。

現実社会の中には、改善すべきことが山積しています。それが、あまりにも数多く、規模が大きく、どこから手をつけていけばよいのか、その解決方法は何なのかといった具体的状況が見えないがゆえ、相手に対しどのような対応をすればよいのかわからないのです。不安だけを抱き、誰かがいつか問題を片付けてくれるだろうと、何もせずに放置することで、事態を悪化させているのです。

通常、問題解決の手始めは、問題の所在を明らかにすることから始めます。現場となる地域は、複雑に様々な要素が入り組んだ総合作用的に営まれています。そのような地域で発生する問題も様々ですが、その多くが人間の営みによって生み出された問題だということです。解決策も当然、そこに住む人々が行動によって解決しなければなりません。

集団生活は、時として個人が「絶対矛盾的自己同一」の考えに基づく行動をとってしまうのです。例えば、環境保全活動において「海岸の自然環境をよくする第一歩は、海岸に漂着しているゴミを拾うこと」と活動を開始します。ところが、活動してもゴミはなくなりません。それどころか、新しいゴミがやってくる有様です。人は、「この活動を続けなければ状況は変化しない。しかし、私１人が活動しても状況はまったく変わらないのではないか。私のやっていることは、意味があるのか」と矛盾した行動をとるのです。このような心境を支え、続けようと決意させるのが仲間なのです。

このことから我々市民は、１人と集団といった相反関係にある矛盾的な性質を持った世界の中で生活しています。これは、地域という集団生活の秩序を守るといった先人の知恵として、他人の目が個人の我儘を律しています。この形態は、村社会から現代社会に移行する過程で、人々の生活の軸が「自宅を中心とした地域」から「職場を中心とした会社」へと段階を応じてシフトし、住民の基本スタイルが会社組織を基調としたライフスタイルとなっています（今では「趣味を中心とした社会」から「ＳＮＳの社会」）。このことからも、地域全体の動きが会社の動きに似たものとなってきました。

すなわち、人々の行動の基本が職場組織であることから、上司からの指示があり、それが納得いく指示内容であれば、行動に移行しやすい傾向があります。その一方で、組織特有の連帯感が働く時もあります。それは、誰かが行動を開始し、それを目撃した人が「私もしなければ」と感じ、その作業を手伝うといった連鎖反応なのです。その輪が次第に広がり、大きなものへと変化していきます。

つまり、サラリーマン化した地域社会では、基本形として上司からの指示がないことには、人は率先して行動をすることが許されないという潜在意識があります。そのため、住民の自発的活動に移りづらい実態があるのです。さらにそこには、説明なしの上から指示を否定的に受け取るという組織特有の行動形態も存在します。ところが、アソシエイションの組織と地域というオープンアクセスの組織に関係なくOCBが衰弱化しているため、気づきを基盤とした自発的連帯活動を成員自体が待ち望む傾向にあります。裏を返せば、問題の根源も、その解決策も既に成員にはわかっていることが多く「誰かが、行動しなければ、状況は変わらない。しかし、私1人では嫌だ。誰かしないのか」と人間が持つエゴイズムが優先し、ポーカーフェイスによって覆い隠されているに過ぎないのです。

このような行動になる背景として会社では、どんなに嫌なことでも仕事として対応します。上司からの命令に対しては絶対です。しかし、生活スタイルが、会社を基盤にしていると言うけれども、家に帰ってまでも会社の延長線だと疲れるため「無関心」を装うことも理解できます。地域には、会社のような強制力はありません。人々は、その地域に居住する以上、権利として「私は、その地域の構成員の1人である」という認識を潜在意識の中に持っていますが、社会的義務としてのまちづくり活動に参加しようとしません。この帰属意識と成員としての行動との間に矛盾が生じている点にこそ、１つ目の問題があるのです。

地域住民にとってのまちづくりの状況

【市民の分類(4)】　これまでのまちづくりにおける市民は、市民を１つとして捉えて説明していることが多いのです。しかし、これでは、経験的に活動現場で説明できないところもあります。この点に関してハーバード大学のロナルド・Ａ・ハイフェッツ（Heiferz［2015］）は、講義：リーダーシップ論の中で図２‐１に示すように市民にも、様々な位置付けの市民があると言っています。分類すれば大きく次の３つになると説明しています。図中の「Ａ市民」とは公式的な権威ある市民（各種議員や行政職員、自治会長など）であり、「Ｂ市民」は非公式な権威ある市民（地域の権力者など）を指しています。それ以外の市民が、一般市民として分類しています。しかし、現状のまちづくりでは、一部の書籍でこのことを簡単に説明していますが、大半は市民を分解することなく１つの塊としてまとめています。このことが、２つ目の問題点なのです。一般市民の中にも、前述の３の（１）で示したような無関心の市民、自分の住むまちに対して関心があっても時間的な制約から無関心を装う市民など様々だということです。

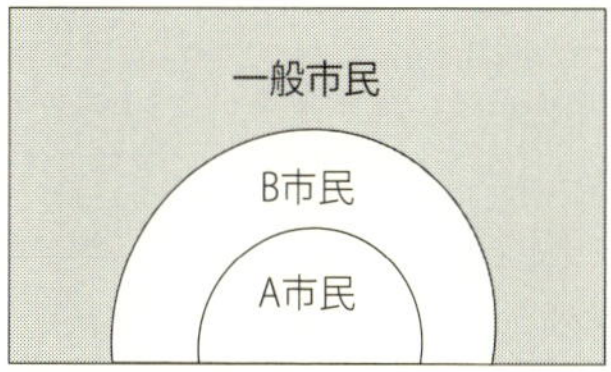

図2-1　市民構造図

（出所）著者作成.

【まちづくりの姿とは】　前述したように「まちづくり」は、活動によって育てるものです。市民にとってのまちづくりは、言葉を知っていても実態としてのまちづくりを知らない人が多いのです。そのため自分自身のイメージの中でまちづくりを形づくってしまい、10人いれば10人とも異なる答えが返ってくる有様です。そのような中で市民は、何が「まちづくり」なのか、何をすればよいのかわかりません。それゆえ市民が、関心を寄せないといった考え方に陥っても当然です。市民が、このような考え方を示す理由として、まちづくりの活動内容が地域毎に異なり、統一した解答を示すことができないといったジレンマがあるからです。それが一般市民にとって、まちづくり活動の不透明さを主張しているのです。また、その地域課題に対しても、単発的な問題解決と長期的な生活習慣による市民努力での問題解決の2種類に大別されます。前者は、技術的な取組みで解決することが可能ですが、後者は技術だけで解決することは不可能です。そのような点から、本書で取り上げるべきまちづくりの視点は後者であり、個々の課題に注力するのではなく、まちづくりという全体の流れを示すといった体系的に成長していく流れを示すことが求められるのです。これまでのまちづくり関する理論では、その体系的な姿を市民に示さなかった点が、3つ目の問題点です。

【市民のまちづくりへの関与の流れ】　これまでのまちづくり活動では、市民が活動に参加する・させるという点に力点を置いているということです。私は、この点に関して否定しません。むしろ、これまでの先人が積み上げてきた成果をより昇華させるためには、市民を一律的に参加させる「まちづくり」ではなく、参加する・させる流れとどのような市民が関与するのかを示すことではないかと考えます。4つ目の問題点は、市民というカテゴリの中で、自分の置かれた位置付けの中でのまちづくりへの関与の流れと仕方を明確にしていなかった点です。

【まちづくりに関連・適応可能な技術・理論との位置関係】 まちづくりに関わってきた先人たちは、様々な歴史的変遷を経て、市民がまちづくりへ参加しやすい制度や技術を考案し、地域内に顕在していた問題を解決へ導いてきました。その功績は、大きいものがあります。その一方で、まちづくりに関心をもって教育を受けた人々が、地域のリーダーとして身近なまちづくり活動に参加している割合数は少ない状況です。ここにこそ、この問題の本質的な改善点があり、その改善がなされないまま今に至っています。これでは、どんなに教育や技術的手法が定着しても、無関心層を減少させ関心を持つ層の比率を増やすまでには至りません。

また、市民間でまちづくりが普及しない大きな理由は、職業として「まちづくり」に携わりづらい状況があります。全国的にも、市民参加のまちづくりだけに特化した活動を仕事にしている人は限られているため極めて少ないのです。行政側にとって、制度としてのまちづくりを構築したものの飛躍的に前進しない現実があります。つまり、中央省庁が政策として構築した制度となる「まちづくり」も、現場で実施しなければならない地方行政にとっては、重荷なのです。そこには、制度に基づいて実践をしなければならないといった重荷が生じています。さらには、その内容も各地域で考えなければならないため、何をすればよいのかわからないのです。例え、実施したとしても単年度で終了してしまうケースが多いのです。

地域は、人間の集合体によって構成されている生き物だけに人が地域で活動しなければ、地域は衰退してしまいます。それゆえにまちづくり教育も、単年度事業で行うものではなく、持続性ある取組みでなければなりません。お金ありきのまちづくりでなく、自分たちで自律していくためのまちづくりを社会教育や生涯教育の中で行わなければならないのです。当然、そこには、ウォールストリート・ゲームではなく、コミュニティ・ゲームの協力・協働を前提とした「まちづくり」という活動の一連の流れを示さなければなりません。さらには、まちづくりの技術に特化した理論だけでなく、前後の関連理論の位置付けも明確にすることで、体系的なまちづくりの考え方が求められる点が、5つ目の問題点なのです。

【まちづくり活動でのトレーニングとは】　行政が支援するまちづくり活動では、教育的指導を行おうとします。そのために外部講師を招聘して講義や講演会などを催し、講師へ謝礼を支払います。このような関係からも明らかなように仕事量が計測できる内容でなければ、行政サイドは支払いをしません。そのため、取組みそのものに制約があります。本来、前述した知識としての教育に加えフィールドにおける実践活動がより重要となります。ところが、現段階において、まちづくり実践活動では、講座形式による仕事量算出基準のようなものがないため、行政発注することが難しいのです。ゆえにトレーニングともいうべき実践教育が推進できない事情もあります。さらに、その教育ができる者は全国に存在するものの、その数は極めて少なく、エリアに偏りがあることから全国に普及しづらい現実もあります。

つまり教育的指導の存在は、まちづくり活動において重要ですが、まちづくりにおけるトレーニングそのものが明らかになっていないため、市民のみならず、行政もわからないでいると思います。6つ目の問題点は、この「まちづくりにおけるトレーニングそのもの」を明らかにすることです。

4 まちづくり活動の見通しの基本

実践活動を実行に移す際、事前に活動の全体像や見通しなどがイメージできていなければ、実践者のみならず、活動参加者に対しても説明することはできません。これは、安心感を人々に与えることであり、前述の3つ目の問題点（まちづくり全体を示していない）を解決する上で重要となります。これは、市民へのまちづくり教育においても、地域をトレーニングするためには、市民をトレーニングしなければなりません。ところが、平時において市民からの発意で活

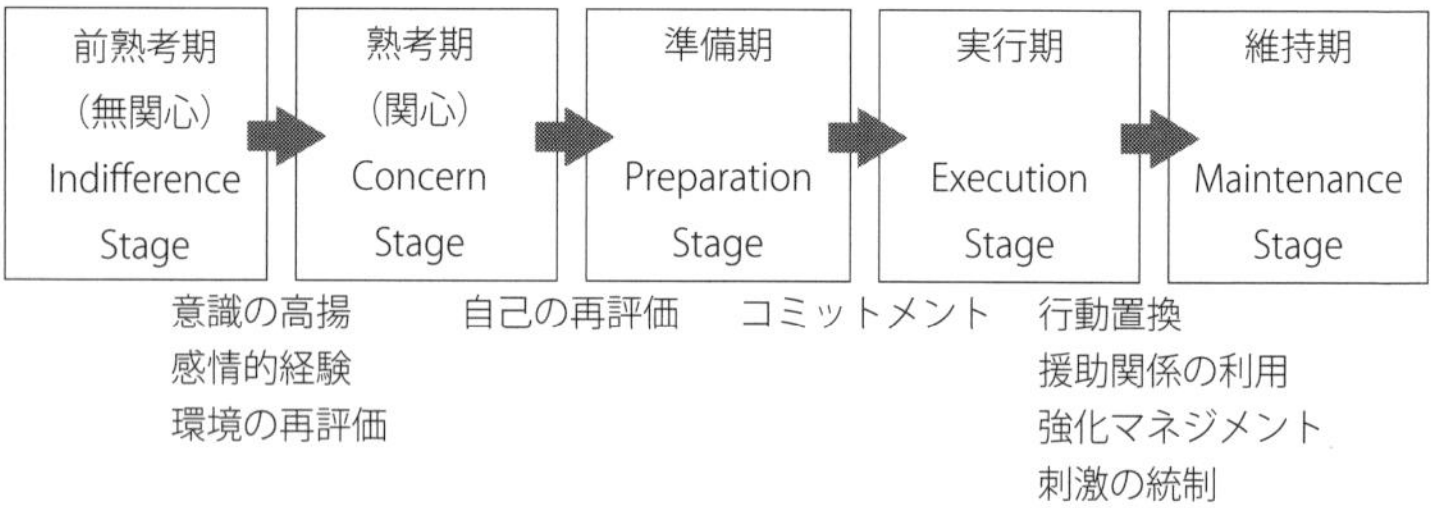

図2-2　行動変容ステージモデル

（出所）松本［2002:31］.

動することは、これまでの経験から難しいと思います。それゆえ、地域活動へ誘う市民リーダーとも言うべきトレーナー的存在が必要なのですが、その者が市民に指導する指針となるものもない状態です。だからこそ、「まちづくりの成長過程」なるものの存在は、必要なのです。これまで多くの研究者が言っていましたが、具体的に語られる事は少なかったと思います。それゆえ、既存のまちづくり理論では、前述した内容の事柄を理論的に語れないのです。

　そこで私は、これまで私自身が実践してきた活動［竹内 :2005a:405-408; 2005b:409-12; 2008:1-13; 2009a; 2009b:63-70; 2010:49-56; 2011a:39-51; 2011b:65-85; 2011c:405-25; 2014: 439-513; 2015:239-56］から経験的に見出した「まちづくり活動」の流れを基に地域での活動の考え方を提案したいと思います。この考え方の基盤となっているのは、社会心理学の中にある「行動変容ステージ理論（Transtheoretical Model）」です。この行動変容ステージ理論（以下、TM）は、個人対象の健康行動理論として活用されているものです。

この理論を簡易的に説明するならば、健康行動とは、準備状態や実践の程度に応じて図2-2に示す5段階の連続するステージ（段階）があります。人は、このステージを進行しますが、立ち止まったり逆戻りしたりもします。つまり、この理論そのものがレディーメード（既製品、出来合い品）ではないため、個別化された介入をテイラー化（個人の体型に合わせて洋服を仕立てるように、行動変容ステージに応じて、最も適切な介入方法を適用）するため、ステージに合わせたモデルの基盤を形成するという意味で個々人に対応した方法を選び易いという点から重要だと言えます。

次に、このTM理論をまちづくり活動に適応してみた場合について考えてみます。すなわち、個人を対象とするヘルスケアを中心とした現場において有効な理論であっても、「まちづくり活動」へこの理論をそのまま適応させることができるのかについて検証しなければなりません。そこで、ステージごとに検証を行い、これから構築しようとする地域活動の考え方に対し、適応できずに改良しなければならない部分を明らかにしていきます。

【前熟考期（無関心）】→【熟考期（関心）】：基本的に無関心から関心を持たせることは、個人に対しては物理的に可能だと考えられますが、社会という集団として捉えた場合、全ての人を無関心から関心を持たせることに無理があります。

もし、この集団がアソシエイションであるならば、集団全体に関心を持たせることは可能かもしれません。ところが社会という集団、特にオープンアクセスによる組織に対しての作業であるならば、一部だけの変化しか期待できないのです。また、社会全体の中の無関心と関心の変化をリアルタイムに把握することは不可能です。しかしながら「まちづくり活動」では、最終的に無関心な人々をどこかの部分で地域の活動に参加させることを視野に入れた活動にしなければなりません。そのため、ここでの「無関心」という概念は、これからのステージアップにおいてバロメーター的役割を担うだけに、重要な位置づけとなります。そのため、「関心」を持たせるという行為について、個人と集団の両面からのアプローチが求められます。この点に関する先行研究は、教育学の「動機付け理論」、政治学の「政治的無関心」、社会学の「社会的無関心」という学問分野があります。

【熟考期（関心期）】→【準備期】：一般的な人間の行動行為からも、何らかの事柄に対して関心があるということは、その関心に対して次の行動を行う意思があることを意味しています。だからこそ、次の行動に移すための準備をするといった当然の動きと言えます。この行為をまちづくり活動にも、そのまま当てはめることができます。ところが、まちづくり活動の場合、地域が会社や各種団体のようなアソシエイションではないため、市民全体の動きにはなりにくいのです。まちづくり活動では、関心のある人が問題解決に向けた活動準備を行うため、地域全体でこの活動を捉えたならば、地域での活動の考え方において「熟考期（関心期）」と「準備期」を1つのブロックとして捉える方が自然だといえます。先行研究においても、ステップ毎の研究はありません。社会学の「計画的行動理論」、まちづくり学の「市民参加のまちづくり理論（この学問は、次のステップ「実行期」にも跨る）」といった学問分野を見ても明らかなように一体として捉えています。

【準備期】→【行動期】：この部分の流れは、行動計画を立て（コミットメント）、行動変容の決意を固める（コミットメント）というものです。ここでは、まちづくり活動においても一般化され、先行研究（例えば、市民参加のまちづくりなど）で様々な理論が示され、多くの技術論が紹介されています。さらには、実行に向けた実践事例も多く紹介されています。

【行動期】→【維持期】：行動変容の決意が揺るがないようにフォロー（代替行動の学習、刺激の統制）し、行動的な技術トレーニング（褒美、セルフモニタリング）を駆使して、ソーシャルサポートによる支援（支援関係の利用）を行うものです。この部分での先行研究は、政治学の「リーダーシップ」、看護学の「協力行動」、社会学の「活動理論」が学問分野としてあります。

【維持期】：この部分の先行研究は、極めて少ないのです。これまでの既存研究における成果と維持期に対する状況と符合しない部分も出てきています。例えば、活動を維持していくためのリーダーシップに焦点を当ててみたなら、朝日新聞朝刊（平成26年3月連載記事）「この一

歩　東日本大震災3年」で、これまでのリーダーシップのイメージではないリーダーが活動をしていく上で重要だということを実態取材から示しています。さらには、市民による地域活動が発足したとしても、長期にわたる活動ができているかという点に関しては未知数の部分が多いのです。最終形である「維持期」についても同様なことが言えます。行動から維持における段階についての本格的な研究は、これからだと思います。現段階は、萌芽期的位置付けにありますが、持続性ある地域を維持していくという視点から学問的にも地域経営論が相応しいと考えます。

ＴＭ理論を基に一連の流れについて検証してみました。その結果として、前述してきたことや行動ステージの内容を鑑み、前節の2つ目（市民を1つとして考えている）と5つ目（まちづくりに関わる技術・理論との位置関係）の問題を考慮して、既存のまちづくりに関係する学問とまちづくり活動の動きに連動して人々の活動への変化と先行研究の位置付けを図2‐3に示します。

まず、「市民を1つとして考えている」という問題ですが、基本的に地域へ関心を持つ市民は、主として議会や行政などの公式的な権威ある市民と、地域の権力者と言われる非公式な権力ある市民です。本書で狙いとする変化をさせなければならない市民とは、変化させる部分に位置づけられる市民のことです。市民全体のカテゴリの中には、権威ある市民と同じように地域に対して意識が高い人もいます。しかし、極一部に自発的な活動があるものの、地域全体の市民

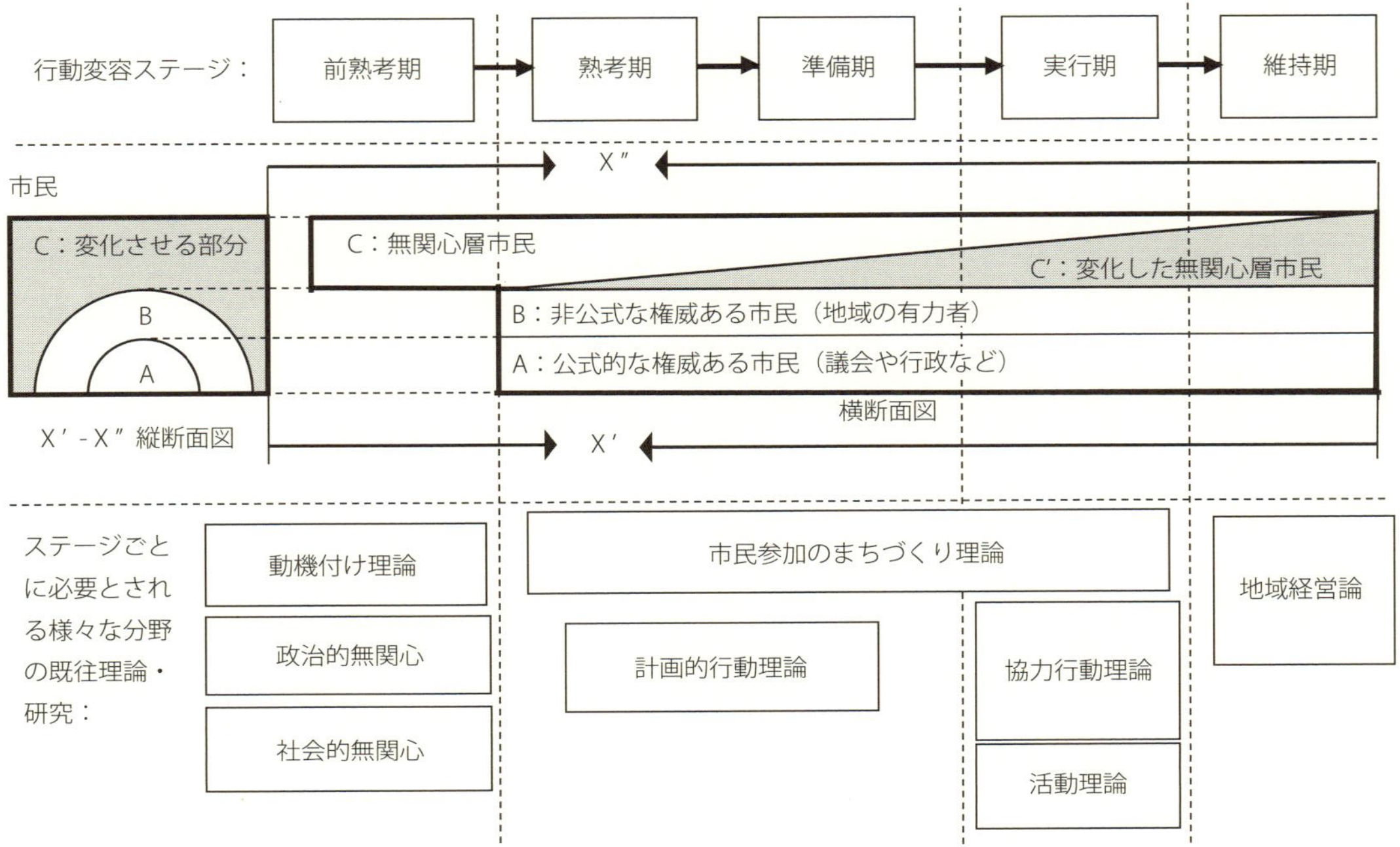

図2-3　行動変容ステージ変化と関連学問との関係縦横断面図

（出所）筆者作成.

数から見て絶対数が少ない状態です。

これまで私が経験してきたまちづくり活動の多くも、権威ある人たちによっての呼びかけが初めにあって、そこから意識の高い市民が行動を始める流れでした。この行動によって醸し出される活動が周囲の人々に影響を与え、徐々に無関心層の市民に活動と言うビジュアルを通じて意識の変化を促します。人々は、他人の行動を常に観察しています。社会の変革は、人々の関心と行動による社会全体の認知度によって変化していくのです。この動きが、社会変革のバロメーターになるのです。

5 まちづくり活動における4つの段階

まちづくり活動では、地域の何を変えれば地域の発展や活性化していくのかが問われます。この点に関しては、まちづくり実践の歴史が浅いため学術的研究では考究することが難しいのです。それゆえ、ここでは私が行ってきた実践活動とその研究結果を基に論じていきます。

私のこれまでの　経験からまちづくり活動を行う場合、地域は生き物ゆえに人間の体を成長させていくステップが、自然な流れであることに気づかされました。つまり、図2‐4で示すようにまちづくり活動の流れは、「無知覚・無関心」「計画策定期（カルテづくり）」「実行期（体

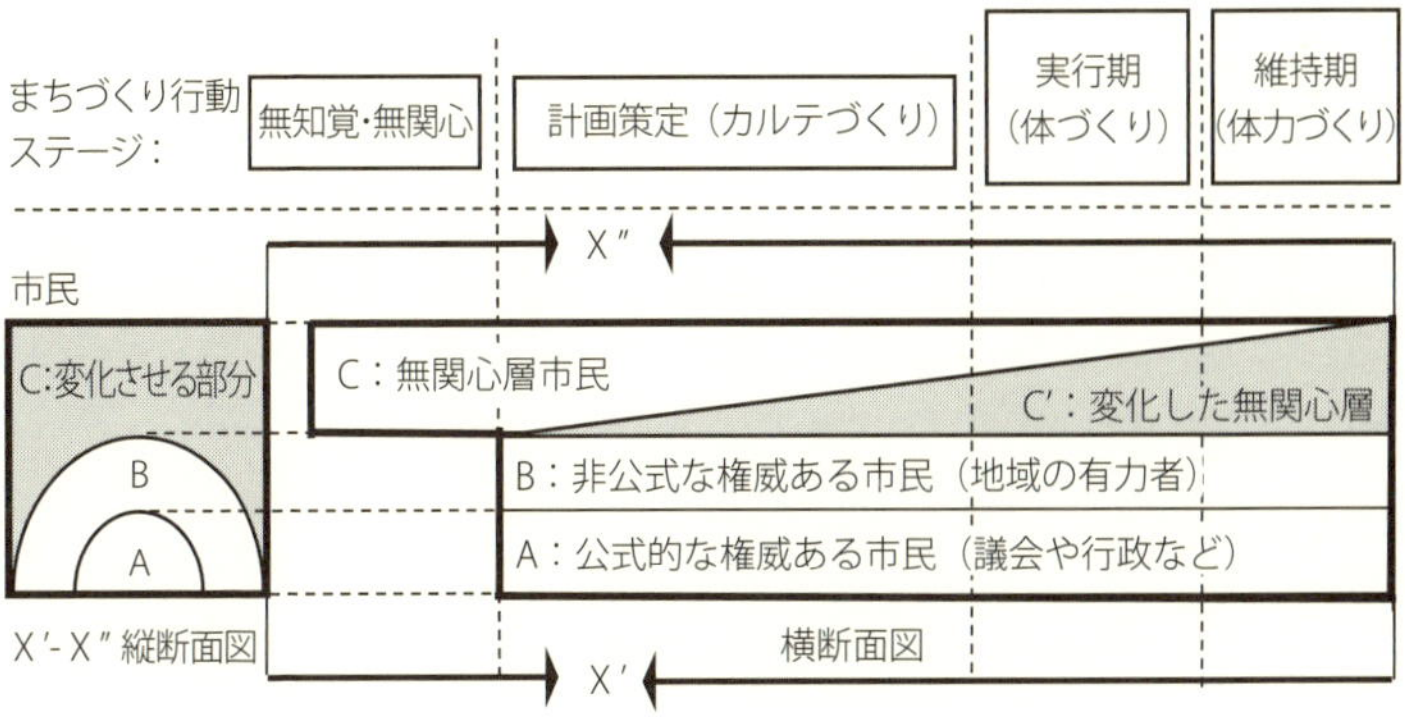

図2-4 まちづくり活動ステージ変化縦横断面図

（出所）筆者作成.

づくり）」「維持期（体力づくり）」という４つの段階によって地域という体を鍛えていきます。これが、まちづくり活動の基本的な流れです。

この４つの段階を踏むことで単に地域を鍛えるだけでなく、その地域が「自律型地域」にトレーニングし、無関心であった市民を活動に引き入れる（変化させる）ように導いていくことが狙いです。これまで地域の発展や活性化が上手く促進できないのは、地域の立地条件やその地域の人々が持つ才能や経験に対して問題があるのではなく、まちづくり活動のための「目標の立て方」と「目標を達成するための方法」が間違っている、もしくは知らなかったからだと思います。多くの市民は、自分の地域に対して「どうせ、こんなまち」という思いに囚われ前向きになれずに自信を失っていきました。その境地に至るまでには、地域を発展や活性化させる技術を知らないか、習得せずに途中であきらめた経験が過去にあったからではないかと考えます。

このような過去の出来事に左右することなく「まちづくり」を展開できる可能性が、図2-4からわかります。初めから市民全体を取り込んだ「まちづくり」を始める必要はなく、段階に応じて関心のある人が「まちづくり」に参加していけばよいと言うことを示しています。ここでは、以下に段階に応じた「まちづくり活動」と市民の参加の関係について説明を行います。

まちづくり活動のための「計画策定期（カルテづくり）[5]」

本来、無知覚・無関心から解説しなければならないのですが、ここでは「まちづくり活動」部分（その他3つのステップ）に特化した解説を行います。一般的に我々市民は、病気になった時、病院へ行きます。医師は診断し、その記録を「カルテ」という書類に書き留めます。「どこ」が「どのように」悪いのかといった「現状を把握」していきます。その上で、その部分を治療するための治療計画を立て「処方」します。つまり、医師たちは、現状を把握した上で、適切な改善策をとっていく流れを決めるのです。人命に関わることゆえに、このような方法をとるだけではなく、経営分野、など様々な分野で、このような流れを用いて、独自の解決法を見出して現場に対応しています。まちづくり活動においても、同じことが言えます。

特に、不特定多数の人々に協力を求めて活動する場合は、目標もなく、いつ終わりが訪れるのかわからない活動への参加を呼び掛けても誰も振り向きもしません。また、活動理念や目標がよければ人はついてくるというものでもありません。初めは参加しても、継続性という点から時間の経過とともに参加人数も減っていきます。だからこそ、「何をするのか」といった目標を明確にしておく必要があります。具体的技術については、既存技術を援用するものです。

まちづくり活動のための「実行期（体づくり）」

人は、成長していく生き物です。だからこそ、自分自身の成長の足跡を確認、実感したいのです。市民が、これから行おうとする活動は、「自転車乗り」に似ています。初めて自転車に乗った時、上手く二輪車に乗れません。仕方なく、補助輪のついた自転車に乗って楽しみますが、成長と共に満足できず、補助輪をとった二輪車に乗ろうとしますが、やはりなかなか乗れません。保護者との長い練習の末、コツを覚えながら徐々に運転できるようになります。まちづくり活動も、同様です。活動のコツを覚えるまで苦労が伴います。スポーツ選手たちも、上手にプレーしている自分をイメージトレーニングしながら日々練習をしています。まちづくり活動も、前述した計画が上手くいくように実施し、人々が楽しんでいるイメージができなければ目標達成は難しいと思います。

まちづくり活動は、反復練習の積み重ねであり、時として辛くむなしい気持ちになることもあります。人々は、突如として「こんなことをして何になる」といったセリフを口にします。1人が言い出すと、連鎖反応的にみんなも言い出します。誰もが、この時期・過程を乗り越えないと自分たちの設定した目標に達成できないことはわかっていますが、言ってしまうのです。地域のお世話係が、この声を聞いて「みんなが不平を言っているのでやめましょう」と言うのか、「辛いけれども、ここ一番を乗り越えないと目標達成は難しいので、がんばりましょう」と言うのかで状況は大きく変わります。

地域の発展や活性化ができないまま終わってしまう状況には、このような地域内の葛藤もあります。様々な取組みをしても、結果的に上手くいかないという地域には、このような同じ行動を何度も繰り返しているのです。行政などからコンサルタントやコーディネーターなどが送り込まれ、状況改善に徹しますが、一時的な効果は現れるものの時間の経過とともに同じ結果になってしまいます。

これには、理由があるのです。それは、「失敗を招く習慣」が、その地域にあるのです。だから、同じ失敗を何度も繰り返してしまいます。基本的に人間は、自分自身の持っている習慣によって生活しています。この習慣は、失敗する習慣を持つ人もいれば、成功する習慣を持つ人もいます。地域の発展や活性化ができているところは、成功する習慣を身につけているということです。成功している地域の人たちは、前述の「カルテ」でつくった「目標」とその目標達成のための「方法」を計画として決め、その計画に従って活動を開始します。

ところが、実際に活動してみて上手く機能しなかったならば、その場で臨機応変に変更していきます。その後、なぜ変更しなければならなかったのかを協議し、その原因と理由を解明し、仕組みとしての定着に努めていきます。この行為で重要なのは、活動がスムーズに目標へ向けて運行できることであって、自分たちで決めたことを守り続けることが、地域の発展や活性化につながっていると錯覚や誤解しないということです。ここで、誤解してもらいたくないのは、「変更する」という行為の中には、地域の昔からの仕来りと言った基軸的な事柄の変更を意味しているのではないのです。あくまでも、自分たちの悪い習慣を正すという一点だけです。

人は、これまで当たり前としてきた生活習慣を変えることは至難の業となります。だからこそ、その習慣が改善されるまでは、指導する者の存在が必要となってきます。それゆえ、市民の内発的地域活動を促進させるための「トレーナー」という役割を果たす存在が、地域メンテナンスには必要なのです。

まちづくり活動のための「維持期（体力づくり）」

地域の習慣という「体」が鍛えられるようになってくれば、地域活動を促進させるための「トレーナー」に頼らず、市民自らでトレーニングできるようにしていかなければならないのです。今後の長い道のりを自走していくためには、それに担うだけの体力が必要になってきます。この体力は、体を鍛えていくように指導してもらう部分はあるかもしれませんが、基本的に市民自身でつくっていかなければなりません。その際、重要になってくるのが「精神的な強さ」が求められます。この強さは、生まれながらに備わっているものではありません。鍛えなければならないのです。

スポーツの世界では、メンタルを強くする技術として「決意表明」、「セルフトーク」、「ルーティン」の3つがあります［原田 2005:239-56］。この「決意表明」とは、目標を設定したならば周囲の人に宣言する行為、「セルフトーク」とは口癖をつくり自分を前向きにする行為、「ルーティン」とは自分の気持ちを整える動作だと言われています。これをまちづくり活動におけるメンタルトレーニングに置き換えるならば、「決意表明」として、自分たちの活動目標を地域の人々に宣言します。「セルフトーク」として、地域の人々が自分たちを前向きにする行為として掛け声をつくります。「ルーティン」として、自分の気持ちを整える動作ともいえる地道なまちづくり活動をします。

このことから見えてくることは、地域の人々が「こんなことをして何になる」といった後ろ向きの発言や行動にならないための習慣づくりをしていくことなのです。その時の周囲の雰囲気づくりに欠かせないのが、地域の人々の掛け声とも言うべき前向きな言葉としての「合言葉」です。自分の気持ちを整える動作としてのまちづくり活動における「ルーティン」とは、粛々と活動することも、その中に含まれますが地域の人々自身がまちづくり活動の主体者であるゆえにプロフェッショナルになってもらわなければならないのです（意識を持つだけでも十分）。ここで示すプロフェッショナルな人とは、これまでの業績が普通の人よりも優れている人を指しているのではありません。いかなる場面に遭遇しようとも、常に安定した成果を出せる人のことです。

地域の人々は、いつも１つ１つの出来事に一喜一憂してしまいます。人間ゆえ、当然の行動であり、普通の人の行為だと思います。ここで言いたいことは、その時々の出来事が、常に「できて当たり前」という状態にしていかなければならないということです。このような状態を「平常心」と言いますが、平常心を保つことは並大抵のことではありません。我々市民は、常に不足の事態に備えて行動していく状態を地域の人たち自身が自分たちでつくっていく習慣づくりをしておかなければならず、この行為こそが「自分の気持ちを整える動作」なのです。

体力づくりの行きつく先は、地域の人々の不安や焦り、イライラを無くしていく行為であり、地域の人々にとっての「自信」そのものを定着させ、維持していくといった地域経営を行う行為だと思います。この地域活動を促進させるための「トレーナー」に頼るのではなく、自立していく成長段階なのです。

6 市民参加の仕方

前述してきた事柄について、知識として理解することはできますが、実際の現場でリアルに実践できる人は限られてきます。それゆえ、「まちづくり」が一般的な動きになりづらいのです。そこで、一般的な動きとしての「まちづくり」における市民参加の仕方とそれを担う登場人物について説明します。

まずは、市民活動への参加動機ですが、鳥越［1997:110-113］は「市民参加」を①制度的参加―「地域責任型」、②目的的参加―「利害関係型」、③価値的参加―「まちづくり型」の3類型に分類しています。①の「制度的参加」とは、市民として当然の権利・義務としての市民参加であり、市民の代表として地域の自治会長や婦人会長を召集する場合は、この型の市民参加になります。②の「目的的参加」とは、例えば高層マンション建設にともなう周辺住民からの日照権、違法駐車などの被害を想定して市役所へ働きかけるような参加型です。③の「価値的参加」とは、自分たちの住みよい地域社会をつくろうとする動機から参加する「まちづくり型」です。鳥越は、この類型化をした上で「価値的参加」は「目的的参加」の転じたものが少なくないといっています。例えば、公害などである地区の生活環境が著しく悪化し、住民が市役所に苦情を述べたり、また組織化して市役所に押しかけたりする目的的参加をしていた地区が、その目的を一定程度成就したり、また成就のプロセスの段階で、自分たちの本来望んでいる環境とはどのようなものであるかを共に考え、討議するようになってきました。

それが、価値的参加成立の経緯になる場合があり、行政の側にもそのような住民の主体性を鼓舞する動きがみられ、その住民の意見や考えを大切にしながら、行政が実現可能な修正案を提示するという姿勢が強く出てきました。このことからも本書で取り扱う市民活動は、「価値的参加」による活動であることが求められるのです。

そこで私は、地域経営での「まちづくり」におけるマネジメントと人材育成を行うために関与することのできる団体や個人の位置付けに対して、鳥越が示した参加動機に付け加え、その参加者の意識や能力に注目します。つまり、「制度的参加」、「目的的参加」、「価値的参加」の3つの分類それぞれに対し、参加者の意識や理念の持ちようが異なると考えています。「制度的参加」の場合、参加者の意識や理念など関係なく参加しなければなりません。「目的的参加」は、自分たちの利害関係で参加するため、理念の高い・低いではなく、意識の強さからの参加

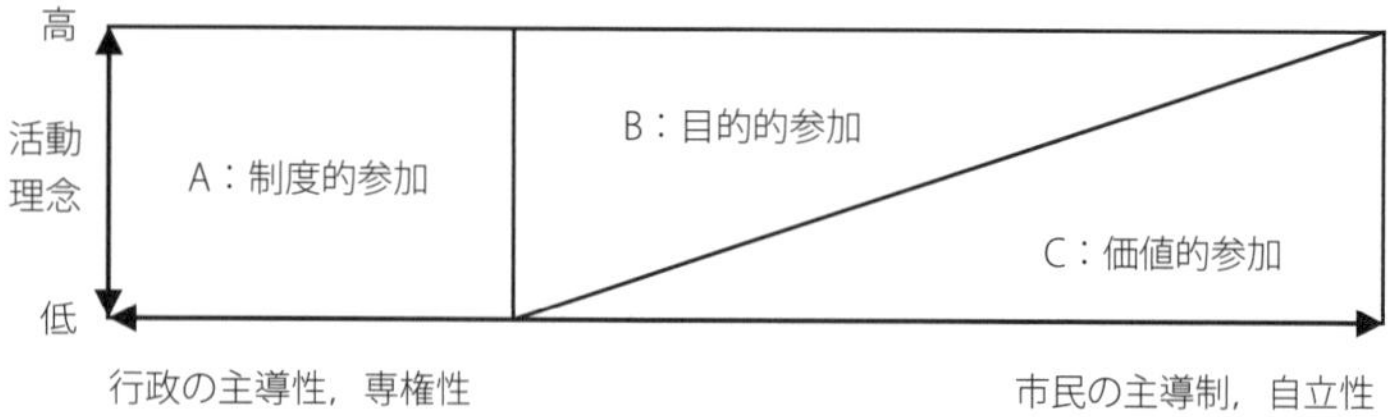

図2-5　公共領域における参加動機区分と意識・理念の関係概念図
（出所）筆者作成.

となります。「価値的参加」に参加する者は、他の2つの参加者よりも意識も強いが、理念も高いのです。これらの関係を図2-5にまとめました。この関係から考えられることは、価値的参加に属する参加者は、メリトクラシー（Meritocracy）の要素を十分に兼ね備えた人だと考えます。しかし私は、まちづくりにおいて、単純に他の参加者よりも優れた能力や技術を持つ人間（メリトクラシー）が結集すれば、まちは良い方向へ発展するとは考えていません。そこには、技術だけでは測ることのできない人間関係も大いに影響してくると考えています。そこで私は、参加者自身の地域（Region）に対する熱い思いを持つ者たちをレジオクラシー[6]（Regiocracy）と呼び、さらに何かしらの優れた能力や技術を有する者たちをレジットクラシー[7]（Regitocracy）と呼ぶことにします。このレジットクラシー（Regitocracy）とは、単なるメリトクラシー（Meritocracy）と区別するための造語です。

私は、本書において地域経営における「まちづくり」のマネジメントと人材育成を行うための社会教育をする主体となりうる者たちは、団体の活動動機が価値的参加に属し、このレジットクラシー（Regitocracy）たちによって構成された集団でなければならないと考えます。しかしながら、現段階において言葉上では理解できても、具体的に示すことは難しいのですが、３分類のいずれにも言える事は、人から活動への参加を「誘われる」行為がなければ活動に参加しないということです。つまり、多くの人は、活動に対して何かしらの役割をもつたない限り、自分から活動へ参加する行動へ移行しません。だからこそ、「誘う」ことをする役割を持った人材を育てなければならないのです。この点については、次章で実例を基に考えてみたいと思います。

7 次なるステップに向けて

本章では、参加型まちづくりが進まない状況を解決するために「① 帰属意識と成員としての行動との間の矛盾」、「② 市民を細見」、「③ まちづくりの全体像」、「④ 市民の参加の仕方と流れ」、「⑤ 既往先行研究とまちづくり理論・技術との関係」、「⑥ まちづくりにおけるトレーニングの仕方と技術」という６つの問題点を提示しました。このうち、ここでは①～④の４つの問題点に関する解決するための考え方について述べきました。

結果として、まちづくりに関係のない「ＴＭ理論」を基にまちづくり活動の全体的姿を体系的に示しました。また、市民というカテゴリをより細見することで、一体的に見えていた人もその立場によって様々な市民がいることも示すことができ、ステージ変化によって市民の立ち位置も変化していくことを図的に示しました。ここでは、これら一連の仕組みの考え方と仕組み全体の教育的指導を担う「トレーナー」の存在を示しましたが、これらは単に考え方のフレームを示したに過ぎません。このことに関する具体的理論説明については、実践事例を基に検証することを次章で行います。これに追加して、実践事例から④〜⑥の残りの問題点解決についても検証していきます。

まちづくり活動に対する時代の流れは、この40年間で住民運動から協働社会形成へと変化し、行政と住民、企業と住民といった対立構造から住民の静態的な内発的発展を経て、動態的な地域活動へと活動内容の性質までもが変化しました。高度経済成長期以前からバブル経済崩壊までの日本社会は、社会システムなどの変革を行う場合、プロパガンダありきで、スローガン的な目標を掲げ、それに向かって人々が突き進むイメージそのものでした。その当時の誰もが、成熟した社会になれば、身近な施設などの街並みが変わり、地域社会そのものも変わり、当然まちや人も変わるものだと信じていたように思います。ところが、バブル経済崩壊後の日本において、政治や経済の衰退と共にこれまで信じていたものが壊れ、何を信じていけばよいのかわからない時代に突入しました。そのような不確実な社会の中で生きる我々市民は、少なくとも自分の生活空間を中心に身近な地域だけでも住みやすい環境であってほしいと願う人が多くなってきたのだと思います。このように社会への成長に対するあきらめ感を抱いた人々が今求めているのは、「確実性」です。

本章で提案した考え方に基づく活動において、オープンアクセスによる組織を核として考えるならば、人々は、これまでの社会状況の流れの延長線上で希望よりも現実を求めているといえます。それゆえ、「努力すれば形になる」という希望を与える成功体験の積み重ねる行動こそが大切だと考えます。確実に地域の発展や活性化を望むならば、人任せではいつ具現化するかわかりません。いつ具現化できるかわからない時代と他人の行動に期待するからこそ「不確実」なのです。この状態を「確実」に改善できるのは、自分自身の行動以外見つかりません。このように今の状況を考えるならば、本章で提案した考え方の活動こそ、確実に地域の発展や活性化へ向かうためのトレーニングであり、まちづくり活動と言う日々の反復練習を通じて体得した成功体験が、未来のヤル気へとつながっていくのです。

一般的にこれらを形成していくためには、人々の行動そのものが習慣性を伴ったものになるまで成長させなければならず、当然長い時間が必要になります。そのため、活動を始めたからといって、すぐにその成果を日常生活で実感することは難しいと言えます。組織構造がしっかりしているアソシエイションでも内部の構造改革が進まないのです。この現状を鑑みても、組織体系が未成熟な市民セクターの中で、早急な成果を得ることは至難の業です。我々市民は、過去の歴史から活動の持続性と質という視点で活動成果を見た場合、大きな組織による活動は一点集中型の活動に威力を発揮しますが、持続性においては弱いと言わざるを得ません。一方の市民活動のような地道で小さな組織活動の方が持続性という点においては、質的によく、他者への影響力も強い傾向にあります。

このことからも、急激な発展は、どこかで無理をしなければならず、そのしわ寄せがどこかで表面化し、急激な衰退を招く可能性が高いのです。我々の日常生活の中でそのような事態にさせないためにも、内発的意思に基づく小さな活動が地域内に多く発生することが望ましいと考えます。しかし、このような取組みは、日常生活における仕組みとして構築されたものであれば誰もが参加できますが、仕組みとしてないものを新たに構築することは誰にでもできることではありません。それゆえ、本章で示した「段階に応じた『まちづくり』成長過程」の考え方は、個人が持つ関心や能力を効率的に活かすために有効なものだと考えます。

注

（１）オープンアクセスによる組織とは、成員になる条件も緩やかで、自由に出入り可能な組織のことを指す。

（２）ここで言う一般的組織とは、会社や行政などを構成する組織のことを指す。

（３）相反する２つの対立物が、その対立をそのまま残した状態で同一化すること。ドイツ流の弁証法において、２つの対立物は、その対立を変容させることで新しいテーゼを生む（テーゼ⇕アンチテーゼ→ジンテーゼのこと）という（「西田幾多郎の『絶対矛盾的自己同一』とは、つまるところどういうものでしょう…」，http://detail.chiebukuro.yahoo.co.jp/qa/question_detail/q103354715，２０１６年4月20日閲覧）。

（４）ここでいう市民とは、地域全体の住民の総称であり、ある地域の住民といった限られた人々を指すものではないことを前置きしておくと同時に市民と住民を区別しておく。

（５）「カルテづくり」は、私が２００１年に北九州市八幡東区の前田市民福祉センターで開催した「まちの健康診断　カルテづくり」［竹内 2005a: 405-408, 2005b: 409-412］でネーミングしたものである。また、この時考案したまちづくりプログラムは、北九州市市民総務局が実施している校区まちづくり事業の根幹プログラムに採択されている。同事業は、２０１２年から「カルテづくり」という名称に変更して継続的に運行されている。

（６）レジオクラシー（Regiocracy）は、筆者の造語である。能力ある者をメリトクラシー（Meritocracy）と呼ぶように、地域（Region）に対して熱い思いを持つ者をレジオクラシー（Regiocracy）とした。

（７）レジットクラシー（Regitocracy）は、筆者の造語である。この言葉の語源は、地域（Region）とメリトクラシー（Meritocracy）それぞれの言葉を足し合してつくったものである。

第3章　実践事例から住民主体の地域活性化の可能性を考える

まちを構成しているのは、大人だけではありません。高齢者から子どもまで、地域に関わりのある人すべてが、まちの構成員です。本章では、前章の「まちづくりの成長過程」の考え方を受け、継続した活動を行うという視点から市民の内発的活動を通じて地域の様々なセクターが関わりを構築することは可能かという試みと検証を行います。

1　住民参加型「まちづくり」を住民目線で考える

生活圏の広域化、地域社会の高齢化等の都市問題が顕著になり、市民意識も多様化してきました。様々な参加型のまちづくりが展開されています。まちづくりにおいて効率的で円滑な事業を実施するには、行政、住民、企業等、地域を構成するセクターが互いに協働する体制が問われ、活発なコミュニケーションや活動が求められています。このことを具現化させるためには、地域レベルの対応が必要であり、各セクターとの交流が不可欠となります。地方部においては、地域ニーズを効率的に活動へ移し、その成果を地域に還元させる仕組みが必要となります。

この住民活動の推進は、「自己責任」と言う名の地域住民の自治能力の向上を求めています。地方自治体は、地域住民の力を引き出し、伸ばしていくことが、より良い地域づくり、まちづくりにつながるという認識を深めていかなければなりません。自治能力の向上には、学習を中心とした情報や知識の習得が不可欠です。従来であれば、公民館がその学習拠点として地域に位置付けられてきました。ところが、近年の自治会離れ（地域に対する無関心の急増）は著しく、一部の住民のみが活用する場となりつつあります。このような社会状況を鑑みた時、全国の行政単位で行われている都市計画や福祉計画などの計画策定に対し、住民参加が本当に行われているか疑問です。既往研究からも、住民参加の重要性やプロセスを重視しなければならないといった指摘［朴 2009:47-59］がなされ、「住民参加の結果、どれだけのニーズや意見が計画に反映されているのかを検討・検証した研究は皆無に等しい」［小野 2010:17-33］、「住民参加という表現が便利なキャッチフレーズとして使用され、この言葉自体が形骸化している」［牧田 2007］のではないかといった指摘もあります。すなわち、住民が参加して完成させたともいえる計画に住民参加の効果として、住民ニーズや意見がどれだけ盛り込まれているのか疑問なのです［朴 2009:47-59］。

そもそも行政からの押し付け的取組みに対して、住民が自発的に計画づくりに参加するとは考えにくいと思います。事実前述した研究のほとんどが、行政主導による住民参加事例を取上げています。そのため研究結果そのものが、行政の取組みに対する住民参加を促進させるために、どのような改善策が必要なのかといった視点のものになってしまいます。私は、この点に着目し市民主体による住民参加事例を取上げ、地域住民の目線から住民が各種活動に参加するためには、どのような取組みや工夫が必要なのかという観点からの研究が不可欠だと考えます。

2 社会実験を始める前の意思疎通

社会実験を始めるに当たって

前述したように住民活動の推進が「自己責任」と言うのならば、「まちづくり」はボランティアだと言わざるを得ません。しかし、私は、それだけでは継続した「まちづくり」という活動を行うことはできないと思います。例え、できたとしても稀であり、一般的ではありません。私の考える「住民参加型のまちづくり」とは、ボランティア精神とクラブ活動という2つの要素が組み合わさった活動だと考えます。つまり、ボランティア活動だけの「まちづくり」では長続きせず、住民にとっての楽しみを備わったクラブ活動的要素を持ち合わせていなければば長続きはしないと思うのです。また、活動資金的なことも、後付で必要になってきます。

このような状況を理解した上で、私は調査事例を探してみましたが、私たちの趣旨に合致した都合のよい活動団体が見当たりませんでした。そこで、私自身が、団体を立ち上げ、その団体での参加者の変化（気持ちや態度など）を調査対象として、経時的観察を試みました。その活動内容として、住民にとって身近なボランティア活動を基にした住民参加のまちづくり活動を事例とした取組みを社会実験として実施して確かめることにしました。

社会実験の目的

地域社会におけるボランティア活動が、１９９５年阪神淡路大震災を契機に日本で定着しつつあります。しかしそれらの活動の多くが、前述のように行政の働きがけに応じてのものです。そのため、住民の自発的・主体的な活動の場となる地域社会での実践活動を支援するだけでは、行政のための「義理的な活動」という性格が大きくなってしまいます。このような形式の活動では「指導者（主催者）」・「参加者」という上下関係的な関係が生じてしまい、本来養わなければならない「自発的・主体的な活動とはどのようなものか」、「地域社会との関わり方」などを体得・涵養させるまでには至っていないことが多いのです。その一方で、福祉系分野などに代表されるようなボランティア精神を必要とする活動は、職業の１つとして一般的に普及していますが、仕事になりづらい他分野のボランティア活動は「ボランティア」という言葉だけが先行し、なかなか定着しづらいのです。

このことからも、ここでのポイントはボランティア活動に関心のない地域住民に対し、自主性、主体性、柔軟性、発想力を育むには、また継続した活動にするためには、どのような活動環境が適しているのかについて考える必要があります。一般的には、事前に決められた活動プログラムよりも、①その場のニーズに応じて参加者自らが考え行動することができる環境、②参加者としての固定化された役割より多様な役割を演じることができる場面設定、③活動を世話する者の存在があるものの、参加者同士に上下関係が生じない仲間や同僚間で行われる活動の場といった活動環境が挙げられます。しかし、前述した活動環境を提供できる理想的な活動団体はどこにでも存在するものではなく、現実に探し出すことは困難です。本研究では、社会実験としての試みとして活動団体を構築し、不特定多数の地域住民が参加できる実践型学修に基づくボランティア活動の取組み運営について考究します。社会実験の事例は、私自身が毎月1回の海岸清掃のボランティア活動団体を設立し、16年以上継続的に活動を行っているものを取り上げます。

この社会実験の目的は、この団体の活動経緯を基に、実践的活動という位置づけでのボランティア団体の活動と参加者受け入れ体制の在り方、ボランティア活動を通じての地域が求める活性化とは何か、地域住民へのボランティア活動に対する意識向上、地域住民と多様な参加者との交流の在り方などについて検討し、今後これらの活動を普及させるためにどのような取組みが必要なのかについて考察します。

社会実験の仮説

参加者であるボランティアがイメージした活動と現場活動では、異なる点があると考えられます。特にボランティアとして実践に臨む参加者は、学校などで知り得た一方的なボランティア活動をイメージしてしまいます。そのような人たちをボランティア活動へ誘い、継続して活動に参加する精神を人々に抱かせるためには、初めての活動参加の経験が肝心であり、参加者にとって、楽しく、意義のあるものだったかどうかが重要となります。そのため、初心者（初めての参加者）にとって受け入れ易く、誰にでもわかり易い内容であり、ある程度自由に活動できるものが望まれます。さらには、参加者の自発的な活動としてのボランティアを考えるならば、活動日時も年間を通じて定期的に行われるように配慮し、参加者自身が自由に選択できるよう働きがけることも必要です。私は、このようなことを考慮した上で、活動から市民のボランティア意識を向上させる取組みを考えてみます。社会実験の仮説として、主催者側が理想とする実践の場や実践実施体制を構築・導入した場合、３者の立場から次のメリットが考えられます。

■受入れ団体のメリット（仮説）

①多様な個人や団体との交流の場の提供ができる。

②多様な個人や団体の参加によるスケールメリットが生じる。

③参加者からの協力（例えば、助成金や備品提供など）が得やすい。

④数多くの団体が参加することで、活動に対する信頼感を得ることができる。

⑤個々の団体で取組むことが困難なノウハウ（運営技術など）を保有しているため安心を参加者に与えることができる。

■地域のメリット（仮説）

①多様なセクターが他団体に気兼ねすることなく参加しやすい。

②参加団体は主催者でないため運営する手間が省け、活動実績は各自で保持できる。

③企業のＣＳＲ支援を行うことができる。

④多様な団体が、交流することで地域の一体感を創出することができる。

■各種青少年育成団体のメリット（仮説）

①各種団体と協働した社会貢献ができる。

②多様な団体との交流促進ができる。

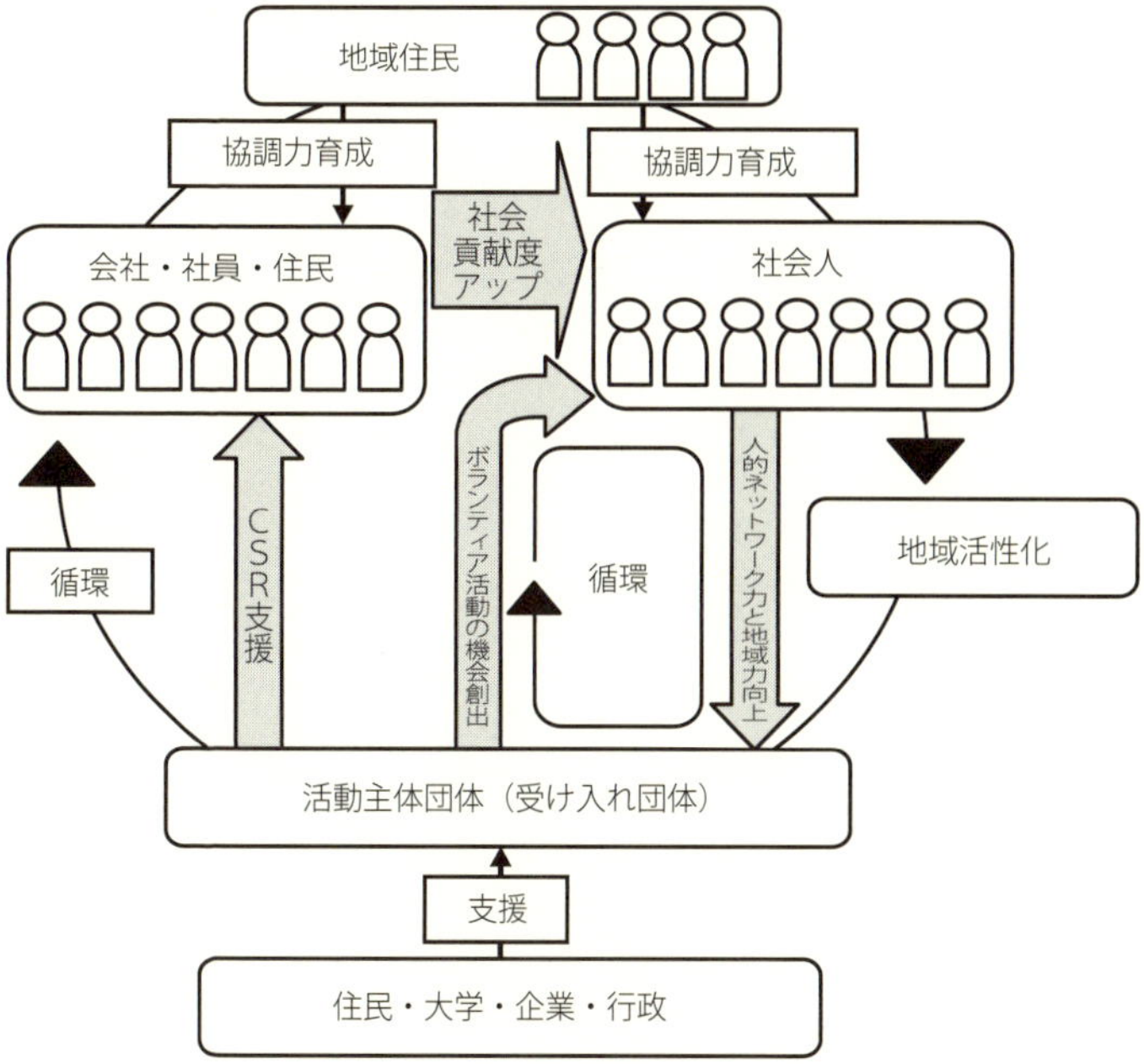

図3-1　活動概念図

（出所）筆者作成.

③ 育成団体スタッフと現場スタッフのネットワーク構築が可能。

④ 参加者した子どもたちが、社会人となるための基礎力訓練の場の提供が可能となる。

⑤ 子どもたちに対して、自然体で人間関係構築の訓練が行える。

また活動全体の仮説として、「地域活性化」を主テーマに選定しました。その理由として、地域を巻き込んだボランティア活動を行う場合、参加する個人や団体が共通した成果目標がなければ、協働した活動に成り難いからです。ここでいう「地域活性化」とは、都会で見られるような賑わいを醸し出す行為のことでなく、その土地本来が持っている自然などの魅力を引き出すことで、地元の人びと、それ以外の人々など、様々な人びととの行き交う様を作り出し、昔ながらの活気あるまち、見守りあるまちができます。そのような様を本社会実験において「地域活性化」といいます。そこで、図3-1に示しているように本社会実験の仮説の最終的な成果として「地域活性化」を選定し、結果としてのバロメーターとします。

3　活動団体設立と運営の概要

(1)　活動前

活動団体設立背景

2001年5月に「われら海岸探偵団」(以下、「探偵団」)という名の団体を設立しました(名称決定経緯については、後述)。この団体は、図3-2に示すような市民・企業・行政の連携によって結成されました。この団体が結成されたきっかけは、下記の通りです。北九州市は、毎年市民の環境に対する意識やモラルの向上を狙いとして、市全体の取組みとして「ごみゼロの

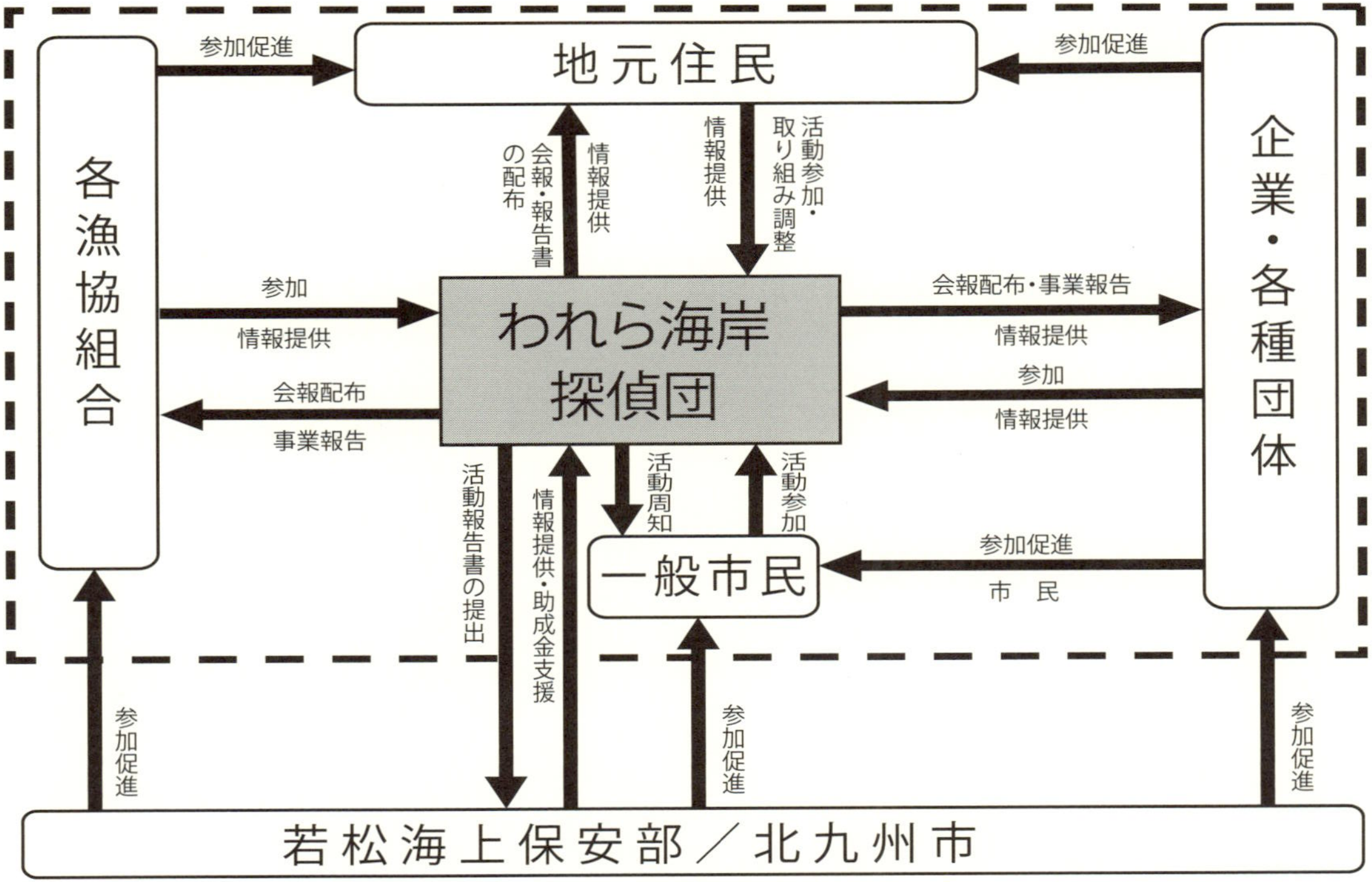

図3-2　団体運営組織図

（出所）筆者作成.

写真3-1　「ごみゼロの日」実施風景

（出所）筆者作成.

日」を実施しています。この取組みは、毎年5月30日以降の最初の日曜日に行われ、具体的実施内容については、北九州市を構成している7区（小倉北区、小倉南区、門司区、若松区、八幡西区、八幡東区、戸畑区）にゆだね、それぞれの地域性に合わせた活動内容となっています。また、この活動は、毎年行政からの動員があって、自治区会や地元企業も参加する大規模な取組みとなっています。探偵団が発足したのは、この「ごみゼロの日」・若松区での取組みがきっかけです（写真3-1参照）。この区の地域特性としては、他区と異なり自然海岸が多く現存していることです。この特徴を活かし、海岸清掃を中心とした活動を行っています。この年に1回の活動は、海水浴シーズン直前ということもあって、活動現場そのものを海水浴場で行っています。そのため市民サイドは、海水浴客から良い評価を得ている一方で海水浴客たちのためのパフォーマンス的取組みにしか見えないといった批判的な声も上っていました。しかしこれら一連の動きに対し、当時の若松海上保安部長（以下、部長）の石川荘資氏が公職という立場で、前述した状況を様々な会合の中で説明したことから、年に一度でなく年間を通じて定期的に活動するといった機運が徐々に高まりだしたのです。しかし、公職の立場で市民団体を設立しても前述した北九州市の動員と変わらない結果となるため、若松区でＮＰＯ活動を行っている私のところへ協力依頼がありました。

私は、部長と幾度となく打合せを重ねた結果、「年間を通じて市民活動による継続的な動きをしなければ、海岸の自然環境は守れない」という結論が導き出されました。初回の活動が開始されるまでの経緯は、図3‐3に示す流れの通りです（白抜き矢印は、周囲とＮＰＯそれぞれの流れを示し、黒矢印は、相互の関係を示しています）。これが、探偵団設立の基礎になり、これらのことを踏まえ、次のような活動概要を作成しました。

活動趣旨

北九州市の中でも若松区は、美しい自然の海岸線を多く抱えています。この美しい海岸線を定期的に散策し、自然のすばらしさ、郷土のよさを参加者自身の肌によって認識してもらうと

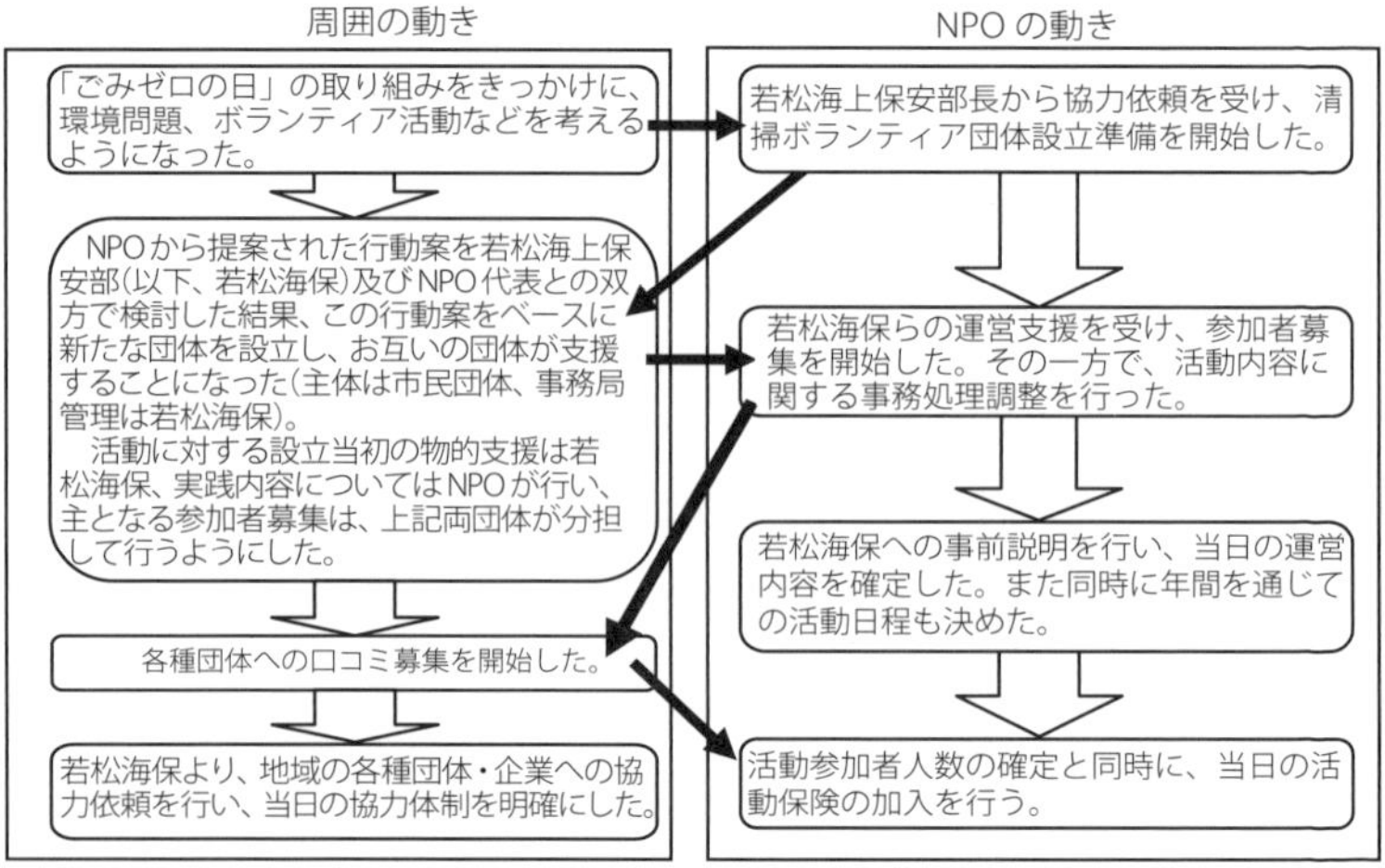

図3-3　実践活動開始までの流れ

(出所) 筆者作成.

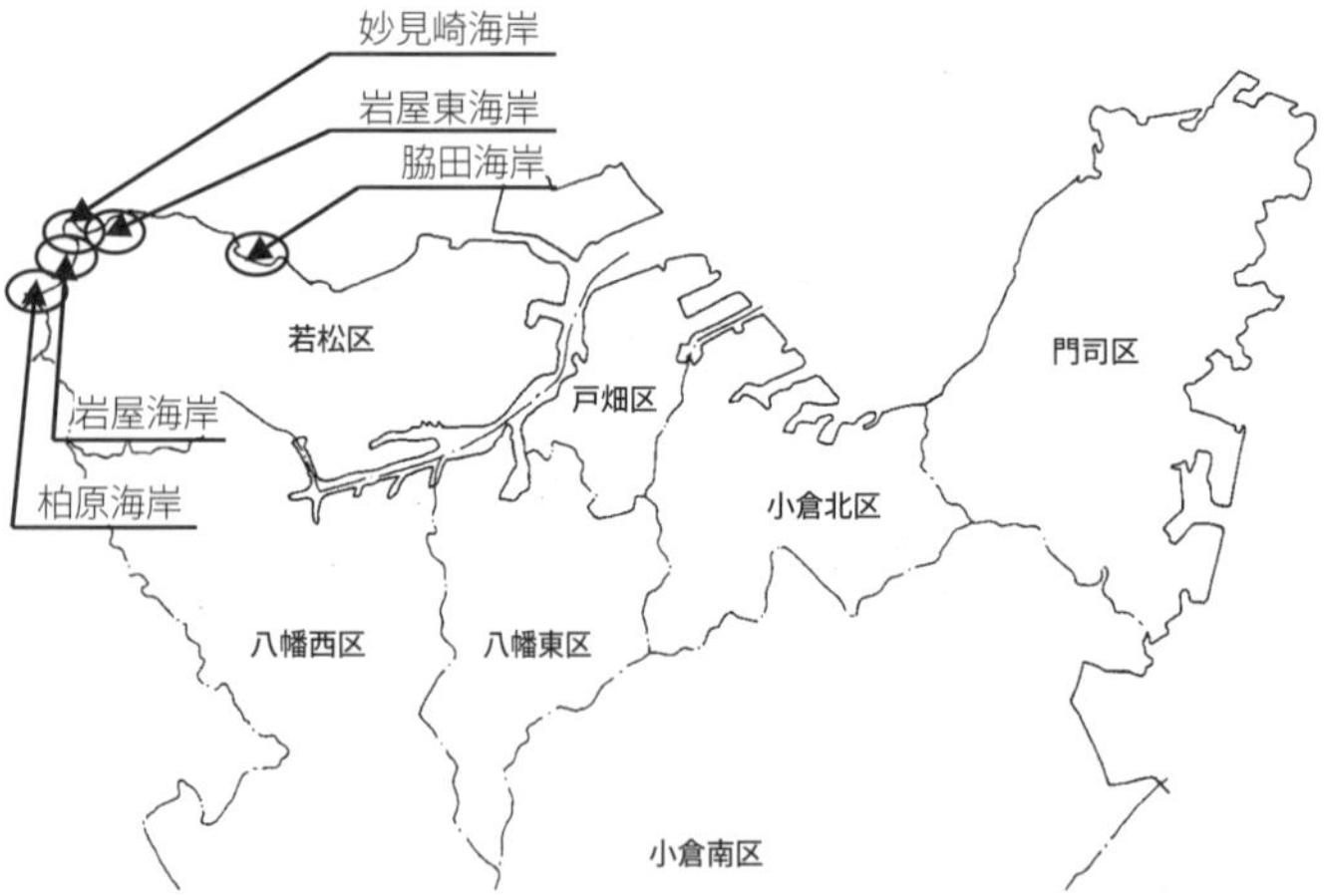

図3-4　活動場所位置図

(出所) 筆者作成.

ともに、海岸に打ち上げられる漂着物を収集する事によって、環境問題について考える時間を持ちます。さらには、活動を通じて心を同じくする仲間のネットワークを構築し、社会に貢献できる活動へと発展させます。

団体概要

・設立日（初回活動日）：２００１年５月１３日（日）
・団体構成員：自然を愛する地元住民による海洋環境保全を目指したボランティアの集合体
・活動実施日：毎月一回（午前１０時の段階で干潮時の日曜日）、雨天決行・荒天中止
・活動場所（図３−４参照）：脇田海岸、岩屋海岸、岩屋東海岸、妙見崎海岸、柏原海岸の５か所。

運営の方針

①入団希望者は、どなたでも入団できます。但し、企業や団体名での加入は遠慮ください。
②団員の清掃活動への参加は、個人の自由意思です。
③清掃活動を中止する場合は、活動日当日の午前8時に決定します（確認は、若松海上保安部まで問い合わせの事。但し当日のみ）。
④清掃は1時間を目安として活動します。

⑤ 駐車場確保のための協力依頼、ごみ袋の手配及び集めたごみの収集依頼については、事務局が実施します。

活動場所の選定

活動場所の選定に関し、通常であれば毎回同じ場所を清掃するものです。しかし、海岸線は長く続くものであり、1カ所だけの清掃では住民参加による活動に限界を生じることから幅広い参加を望むため、清掃場所も数カ所にすることにしました。

そこで本活動では、以下の3点を理由に北九州市若松区の海岸線上5カ所（図3‐4）を選定しました。その理由は、① 地元漁協組合の協力が得られたこと、② 漁協組合との協議の結果からの決定、③ 海岸漂着物を収集した物に対する処理を所管行政機関が対処してくれることの確約ができたことの3点です。

団体名決定経緯

名は、体を表すという言葉があるように名称にも拘りをもって対応しました。この名称が決まった背景として、大きく次の3点が挙げられます。① 部長から「海上保安部」でも「NPOの名称」でもない中立的な団体名にしようという提案がなされたこと、② 名称付けを行う作業において、部長が「本団体の活動意義は、海岸漂着物を単に拾うのではなく、その発信源を探ることにも拘り、他の団体と区別化したい」と言うことを繰り返し提示されたこと、③

団体設立に当たっての仮説として、結果的に参加者の多くが高齢者になってしまいます。これは、地域活動を行う上で当然の傾向だといえます。また、前述した「海岸漂着物の発信源を探る作業」を行うことを前提にすることをヒントに高齢者が子どもだった時代に流行った「少年探偵団」を名称の基盤に据えました。このことにより、懐かしさと参加のし易さを考慮しました。これら3点から「われら海岸探偵団」という名が導き出され、名付けられたのです。

(2) 活動概要

事務局主管の経緯

２００１年5月に任意団体として「われら海岸探偵団」を設立し、最初の活動を開始しました。この活動事務局については設立当初、若松海保に設けていました。しかし、設立当初から関与してきた部長の転勤を契機に「行政主体での活動では、自立できない」という判断から２００３年1月海上保安部の支援を離れ、ＮＰＯ団体に事務管理を移管することとなりました。このことによって民間による本来の任意団体としてのボランティア活動を行い現在に至ります。活動当日の「活動有無」に関する問合わせについては、発団以来変わらず若松海保が窓口となっています。

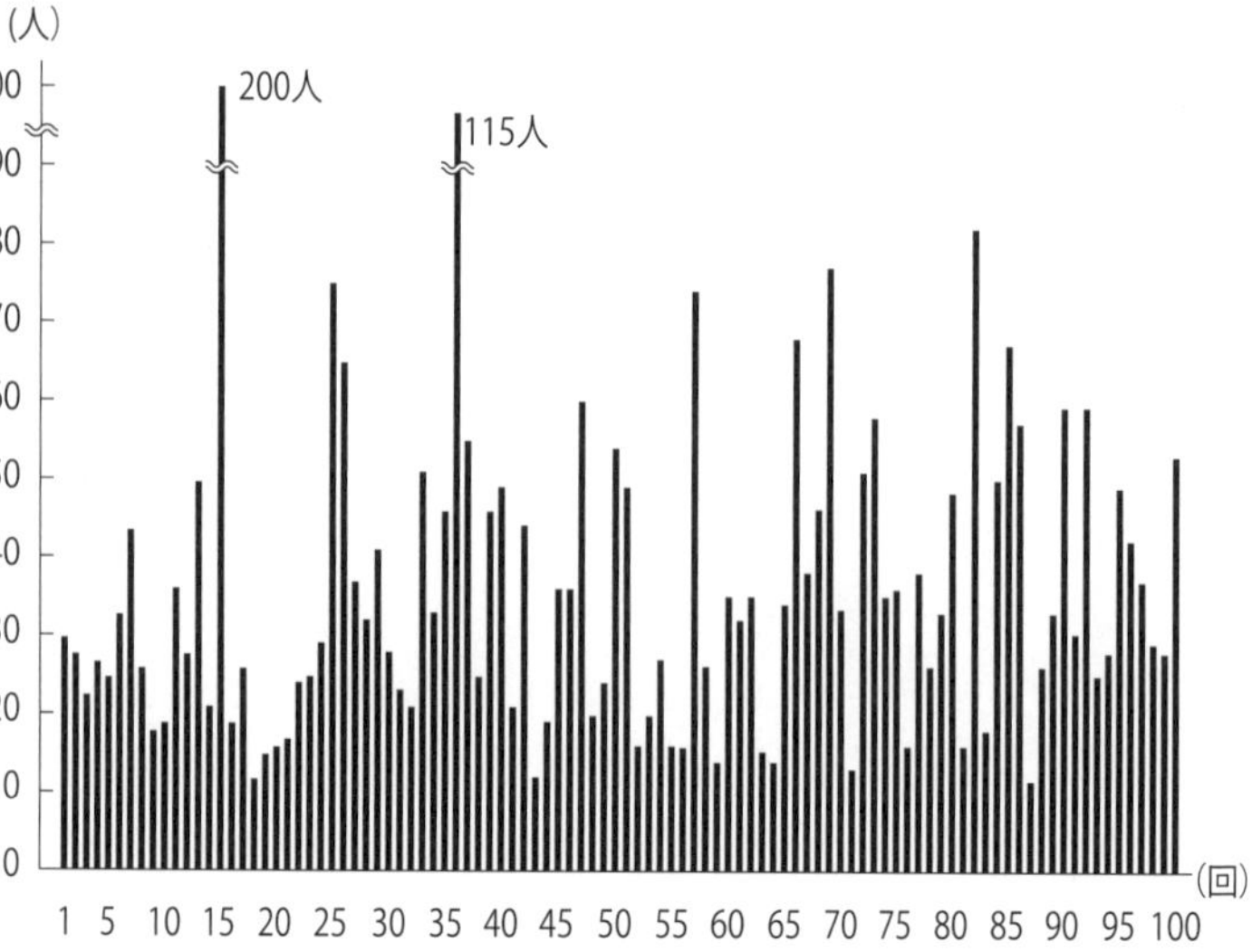

図3-5　参加者数動向図

（出所）筆者作成.

事務局運営の経緯

本活動は２００１年５月発団以来、２００９年12月で１００回目の活動を行うことができました。約９年間の活動成果としては、総参加延べ人数：３６８７人（図３‐５に毎回の参加数を示す）、収集したごみ量（概算）：６万９４８５kg（その内訳としては、流木：１万３４５kg、ポリ缶：２２６個、発砲スチロール：２３９個、ロープ：２２０kg、ごみ袋：４４５８個@13・2kg）でした。この活動を４段階に分けて説明します。

ステップ１・萌芽段階（２００１年―２００２年：第１回―第20回）

【活動支援状況】　本活動を行うに当た

り、清掃活動に必要なゴミ袋は、北九州市から支援してもらいました。火ばさみ、軍手などの備品は、若松海保が準備してくれました。参加者に対しては、「報酬はゼロ、お茶も、ジュースも出さない」といった姿勢をとったのです。また、参加者から会費をもらう制度は設けませんでした。

【活動状況】　前述したような活動にも関わらず１回目の活動には、36人もの参加があり幸先よいスタートを切ることができました。その参加者の多くは、若松海保の呼び掛けに応えた海事事業者、部長とＮＰＯの共通の知人である商店街関連者でした。また、参加者の多くが65歳以上の高齢者を中心とする年齢構成でした。このような活動状況でしたが、毎回30人程度が参加しています（図3‐5参照）。

【活動変化】　萌芽段階で注目すべき点は、15回目の活動で２００人もの参加者がいました。これは、「海守」という日本財団と海上保安庁が中心となって設立した全国組織があり、その研修を本活動で行ったためです。その背景には、２００１年度、２００２年度の海上保安庁白書「海上保安レポート」に本活動紹介が掲載されたことから、海守の全国研修を探偵団に選定したのです。行政側が、対外的周知を積極的に行うような姿勢になったのも、市民との協働活動が回数を重ねて行っているという実績と信頼の表れだといえます。徐々に、活動が定着してきました。

ステップ2・民間主体活動移行段階（2003年―2005年：第21回―第56回）

【活動支援状況】　探偵団設立及びその後の活動に尽力してくれた部長が、2003年3月に転勤となりました。その後の活動は、前述したように事務局が若松海保からＮＰＯへと移管され、残された団員で運営することとなったのです。その一方で、活動を行う上で必要不可欠な資金調達が、大きな課題となりました。この点に関しては、助成金制度を活用した資金集めを事務局中心に行ったのです。結果的に助成団体が、これまでの活動実績を評価したため資金調達が可能となり、活動は継続できました。さらには、この時の助成は、今なお継続して受けています。

【活動状況】　事務局移管による大きな不安は、参加者減少でした。つまり、若松海保が事務局運営をしていることから、行政関与がなくなったので、参加者が減少するという危惧が生じたということでした。しかし、現実は参加者の大きな変動はありませんでした。むしろ以前よりも多い参加者数となったのです（図3－5参照）。このような結果を導き出した背景には、事務局を民間移譲したことにより、「参加者が減少した」と周囲から言われないようにという団員の内発的意識から自分たちのできる範囲で対外的参加者募集の呼びかけを行ったことによる成果です。

【活動変化】　活動回数を重ねることで、対外的に内容を広く周知することができたため、家族連れを中心にその輪を広げ、毎回新たな参加者が増えていきました。また、活動エリアの漁協組合との関係は、若松海保が事務局を管理していた時の関係同様、民間に事務局が移管された後も関係維持がなされました。徐々に漁協組合と民間団体との関係性は、信頼関係という点において強い繋がりへと変化するようになってきたのです。民間同士ということもあって、海上保安部よりも親密な状況になったといえます。

ステップ３・市民活動成長段階（２００６年―２００９年：第57回―第１００回）

【活動支援状況】　活動開始当初36名でスタートした探偵団も、この時点での登録団員数は１００名を超えるまでに成長しました。団体規模の拡大と活動の継続性により、行政を中心とする新たな支援が受けられるようになったのです。資金的な支援を行う企業や行政、行政を通じての物資（軍手、タオル、お茶など）の提供を行う財団などが表れました。また、マスコミを中心に探偵団を他団体の見本として紹介されるまでになったのです。

【活動状況及び変化】　この時期から事務局ＨＰによる広報活動を積極的に行うようになりました。ＨＰの中では、これまでの活動実績を公表しました。このことにより、ＨＰを見た人か

写真3-2　継続100回目活動記念撮影

（出所）筆者撮影.

らの問い合わせ、飛び入り参加、県外からの視察・活動参加など、多様な参加がありました。

その他身近な事柄において、これまでになかった大きな変化としては、企業のCSR活動の研修としての受入れ、活動地域ごとに地元の自治会や子ども会、企業や病院などが活動へ積極的に参加するようになったことです。さらには、ボーイスカウト、小中高、大学や各種民間団体など、青少年育成を中心とする団体が、研修の場として本活動を活用するようになってきました。また、その団体の人々との意見交換を積極的に行うようになりました。

ステップ４・現在（２０１０年―現在：第１０１回以降）

本活動は発足以来毎月実施していますが、活動を中止したのは、９年間で４回のみです。設立当初は、いつまで続くかと思われていましたが２００９年12月で１００回目の活動を迎えることができました（写真３－２参照）。この活動回数は、数多くあるボランティア団体の中でも希少な存在となりつつあります。この実績に対する褒美として、２０１０年度海の日表彰・海上保安庁長官賞、２０１５年度海の日表彰・国土交通大臣賞の受賞を代表とし、福岡県や北九州市など９か所から表彰を受けました。これらの表彰を受賞する度に団員有志で祝賀会を催し、会員相互の意見交換を実施しています。この会を通じて団員一同、この活動に対する気持ちが、「やりがい」から「誇り」へと変化していったことがわかりました。

実施結果から考えられること

1 受入れ団体（探偵団）からの視点

【組織構成と参加状況】　ボランティア活動を推進する柱として、地域全体の共通項となる「地域活性化」を取り上げ「全参加者の共通目標を通じての実践型学修」という方針での海岸清掃活動を行いました。そのような団体の活動が定着するまで、行政保護の下、ＮＰＯとの協働作業によって活動展開されたことは、活動を継続させるといった点で、大きな効果がありました。その理由として、海岸探偵団という市民に認知されていない活動に対し、公的機関である海上保安部が、関与することで市民への信頼を得られたからです。

このような組織体制をとったことにより、行政主導（町内会や自治会主導も含む）の集まりでは見ることのない多様な個人や団体との交流の場の提供を可能にしました。しかし発団当初、行政の支援があったからこそ市民の信頼を得られたのも事実です。また事務局管理が、官から民へ移行した後、団員が積極的に活動する姿が、多くの市民に共感を与え、このことがさらに多くの協力団体の支持を得られたといえます。これも、社会実験の結果の1つだと考えられます。この点は、仮説通りにスケールメリットが生じ、付加価値として対外的に本活動への信頼感を与えることができたのです。さらには、個々の団体のみで取組むことが困難なノウハウ（運営技術など）を保有している個人や団体の技術を活動時に提供してもらえたことは、参加者全体に対して安心感を与えました。上記のこれらの点は、多様なボランティアを受け入れる体制としては、重要な要素だと考えます。

【活動実績と広報】　本活動を知らない者が多く参加する要因として、活動毎にその日の成果を記録に取り、その成果をＨＰに掲載している点が挙げられます。このように対外的に活動結果を公表している点は、活動内容の充実、参加者の増員させる目安になると同時に団員全体の意思疎通をする重要なアイテムとなっています。この一連の動きは、参加者からの協力はもちろんのこと、各団体を評価して支援を行う助成団体（例えば、助成金や備品提供など）からの支援を得やすくしていると言えます。これらの活動状況から鑑みて、継続的活動は安定した運営状況へ成長させる重要なファクターであると言えます。

【参加者側とスタッフ】　参加する誰もが、自然相手の活動のため、ハード的作業のように目に見える成果は得られないことを理解しています。むしろ、毎回の活動に参加する人たちがクラブ活動のように集うことが、活動を継続させる上で参加者相互の仲間意識を強め、様々な活動に対する動きへと発展する可能性を持っています。一方で、受入れ団体側のスタッフが地道な準備を行っているからこそ、地域住民や学生（若者）、企業などとの多様な交流が地域で行えます。このことは、地域での人間関係や信頼感を構築する重要な役割を果たしています。参加者としては、当たり前のように相互交流を体得できます。このようなボランティア活動の仕組みを通じて、長期間に渡って継続した活動になった要因として次の３点が挙げられます。①水面下で地道に活動するスタッフの存在の大切さ、②地域の多様な団体を巻き込んだ活動を行うことによって、参加者や周囲の関係者（漁協組合）などへボランティア活動に対する意識向上に寄与できたこと、③目標を活動の中で設定（例：「○○kg収集」、「▽▽km清掃」など）しなかったことです。

この３点から、参加者や周囲の団体との相互交流に趣を置いた活動であり、活動内容が明確なため、多様な参加ができたと思います。さらには、毎回の活動に目標がないことが、各個人のペースで作業ができました。そのため、個人ごとに応じた達成感が得られました。結果的に「これなら自分でもできる」という意識にさせ、次の活動につなげることができたのです。

2 地域からの視点

【活動の場としての地域】 海岸という地域住民にとって共通の財産を守るという行為は、特定個人の利益でもなく、万人の利益となります。このことを誰もが理解しているため、多様なセクターの参加が可能な活動といえます。また、多くの団体が、このような活動を行いたくとも、毎月コンスタントに活動することは、荷が重いと感じています。それゆえ、参加団体は、自分自身が主催者とならないため運営する手間が省けます。さらに各自で活動実績を保持することができる点は、企業がCSRを行う際に便利です。このことは、各種団体のみならず、大学も同じことが言えます。その点からも、このような中間支援団体の存在は、多くの参加者を募り、活動させる上において必要不可欠な存在といえます。

【受入れ側としての地域】 地域が求める活性化について様々な視点から論じられていますが、本事例の場合、継続して多種多様な人が集まり、活動することが都心部とは異なる地域活性化ではないかと考えます。しかし、都心部での活動のようにビジネス要素が絡まないため企業や個人の参加者を募ることが難しいのです。また、受け入れ側の地域では、容易に他人を自分の地域へは入れません。そのため、我々が若松海保から事務局を移管して初めて挨拶に行った時、相手担当者から「あんた達は、もの好きやな。人のことよりも、自分の家の片付けでもしたらどうや」と言われました。ほとんどの地域で、このような厳しい洗礼を受けたものの、その後の活動状況を地域の方々は静観していました。地域側は、探偵団が定期的に活動するに連れて徐々に我々の活動を受け入れるようになっていきました。ところが一旦受け入られると、仲間として一緒に物事を考えてくれます。このような地域の暖かい見守りと受入れ姿勢を参加者自身が感じるからこそ、継続した活動ができたと考えます。

3 各種団体参加者からの視点

【各種団体の立場】　営利活動を行ってきた企業にとって、自治会的組織での活動において地域とのつながりは強いものがありますが、社会貢献活動としての動きにおいては脆弱です。近年、企業や教育機関の社会貢献が問われ、地域での活動は不可欠になっています。しかし、各所属先の職員自身が主催して活動の場を創出することは容易ではなく、担当者の転勤などを考慮すると継続して活動することはままなりません。このような事を鑑みると、探偵団のような対外的に信頼できる中間支援組織の存在は必要不可欠であり、企業・各種団体自体も社員や構成メンバーの活動を支援することで負担が軽減されます。また、実績ある活動団体に社員や構成メンバーを参加させる担当者としては、所属長に説明、承認を受け易いといった利点もあります。その上で、職員と現場スタッフとのネットワークの構築、企業や各種団体と地域との交流促進が可能となり、時間をかけ双方の信頼関係を築くことで、新たな活動展開へ発展させることもできます。

その一方で、職員や構成メンバーの安全性確保は、企業や各団体側にとって絶対条件となります。前述の地域との関係づくりが進むことで、地域の見守りの目が活動参加者たちの安全性を担保してくれました。さらには、地域の参加者の多くが社会人であることから、これから社会人となる子どもたちにとって、このような社会活動は、活きた社会人基礎力を養う訓練の場となる可能をもっています。特に、①ボランティア実施団体のスタッフと参加者との間に身分の区分がなく、参加者全員が仲間だという意識が持てること、②教育現場で行われている定式的指導ではなく、自ら学ぶ姿勢を持って参加しなければ活動できない雰囲気の活動であることなどは、ボランティア分野だけでなく、就業力育成支援といった分野にも応用できるため、今後の学校教育で運用させる工夫が求められます。この点に関しては、継続して経過観察が必要です。

【各種団体構成員からの立場】　義務的活動（会社命令、団体として参加など）としてのボランティア活動をする人々全てが、ボランティア活動を自主的に行っているとは思えません。つまり、これまでしたことも、考えたこともない行為を自ら進んで行うとは考え難いからです。それゆえに何らかの活動を行い、その活動が楽しいのか、つまらないのかなどを体験させることで、今後自らの意思に基づいて行動を起こせると考えます。この点のことを考えると、本活動は次の点から有効です。①活動にとりあえず参加し、その活動の中で自主的に活動参加している人々の後ろ姿を見ることで「自主性」というものの存在を知り得る機会を創出できる環境を有していること、②見学的学修プログラムでなく、初めて来た人でも参加でき、その都度達成感を参加者全員で共有できる読み切り型プログラムであること、③自然体で人間関係構築の訓練が行えることが挙げられます。これら一連の活動体験を通じて、一般的な知識としてのボランティア活動に関する裏付けや問題意識等の発見や確認ができます。

また、単一団体のみで構成して行っている活動体でない本社会実験は、複数の企業や各種団体が同時に活動へ参加できる利点をもっています。実際、複数の学校や企業が参加しての活動が行われました。その際、職員同士の意見交換はもちろんのこと、若者同士の交流も促進できました。同世代の若者、年齢構成の異なる大人たちが交流することで、違った考え方や意見を知ることで、参加者自身の刺激になっているのです。

４ 活動による人々の変化

通算１００回以上の活動は、参加者自身の考えを確実に変えました。その変化も前述した「萌芽段階」、「民間主体活動移行段階」、「市民活動成長段階」、そして「現在」の４段階に大きく分けられることがわかりました。

これらのことがわかった理由は、平成22年2月に行われた探偵団の活動継続１００回目突破及び福岡県：「ふくおか地域づくり活動賞」受賞の祝賀会で、これまでの活動に関する思い出話を語り合った内容からです。

【萌芽段階】活動開始当初は、部長の誘いで来た人、友人から誘われ参加したなどきっかけは、様々です。しかし、参加者は「暇つぶし程度に参加」と「仕事がらみの参加」の2つに大きく分けられます。

前者は、団員の中でも高齢者に分類される人に多かったのです。そのため、この「探偵団」と言う名称が、懐かしさと呼びやすさが参加意識を高めたといいます。さらに社会貢献的活動という肩苦しさを感じさせなかったことが、気楽に参加できる要因だったという声が多く聞かれました。

次いで後者は、設立当初から支援してきたのが、若松海上保安部だったということから、「損得勘定」もあって参加したというのです。それゆえ、いつも嫌々ながら参加していたため、義務感が常に頭の中にあったということでした。

【民間主体活動移行段階】活動も20回を超えたところで、部長の転勤となりました。仕事がらみで参加していた者にとって、部長の転勤は若松海上保安部にとっても面倒なはずのこの探偵団が早晩自然消滅するものと安堵感に繋がったと思います。ところが、毎月コンスタントに活動することで、いつの間にかに「義務感」から「習慣」へと変化していたそうです。これは、発言者自身が不思議で仕方無かったということでした。一方、高齢者たちは、月一回の活動で知り合った新しい仲間と顔を合わすことが習慣になったそうです。

これら団員の発言から、継続した活動が、団員へ確実に変化をもたらしていることが理解できます。この時点で、団員の心境を変えた大きな要因は、暗黙のうちに仲間意識と使命感の満足をも醸成させ、協力しなければ活動できないことが、一体感を毎回与えていたのではないかと考えます。

【市民活動成長段階】　ようやく市民活動としての団体運営が定着してきた時期です。そのため、活動エリアの自治会や子ども会などが組織的に参加するようになってきました。また、企業や各種団体も不定期ですが参加するようになってきました。これら活動団体が、地域で継続して活動している探偵団に相乗りして活動する理由として次のことが考えられます。

①地縁・血縁の関係による活動から職場や趣味のグループによる活動へと活動形態が変化していることが顕著になってきたこと、②企業などを中心としたグループでは、様々な活動を行うことで、マンネリ化を防ぐため、一活動だけに特化して活動はできません。それゆえに連続した活動をしなくとも、継続した活動に参加することで満足感を得るものと考えます。

このように探偵団の活動は、外部者にとっても魅力を感じる活動へと変化してきたといえます。この活動の成長は、全団員に対し、「義務感」から「習慣」に、そして「癖」へと確実に変化させました。だから、「活動に行かないと調子が悪い」などという言葉が出るようになったのもそれを物語っています。

【現在】　団員も10年以上も活動を続けると、開始当初は若いといっても確実に年老いています。そのため、体を壊し活動に参加できなくなった人も出てくるようになってきました。その団員が、久しぶりに活動に参加した時に、我々の仲間に言ったことは、「海岸にあるゴミが愛おしかった」という言葉でした。この人は、発団当初、「損得勘定」的な気持ちから参加した人でした。そのような人が、この約10年で大きく様変わりさせたのです。真の住民参加とは、時間をかけ継続した活動を行うことが重要なのです。その過程の中で、確実に人の心を変えることができるということを一連の会話からわかってきました。

このことを言い表すコメントとして、団員の中で最年長者（当時83歳）が「我々は、海岸に打ち上げられたゴミを拾うことで、自然環境を守ってきました。そして自分自身の徳を養い、心を磨いてきました。しかし、我々は、この活動からゴミを拾うことで『護美《ごみ》』の心を学んだ気がする」という言葉で、本活動の総括を行ったのです。この言葉からもわかるように本活動そのものが、住民参加を大きく育てたといえます。

継続した活動は、自然に人が寄ってきます。今回の社会実験は、地域ぐるみでの活動であり、その成果がリアルに地域へ還元されるため、地域・行政・企業・各種団体それぞれにメリットがあります。このような受け入れ体制をもつボランティア団体の活動は、様々な地域において必要不可欠です。ところが、地域によって容易に活動団体を形成することができるものの、長期間継続させた活動へ育てることが難しいのです。そのため、些細な活動でも継続させることが重要であり、徐々に地域を巻き込む活動へ導くことを忘れてはいけません。

4　社会実験から得られた結果と活動目的との関係

中間支援者の役割と活動状況について

本章の社会実験における中間支援者は、ＮＰＯでした。この社会実験でのＮＰＯの役割は、本活動の事務局を担うことで、活動全体の企画立案を行い、各セクターとの連絡調整役を行いながら安定した継続運営を行うことでした。このことにより、毎回実施される活動についての情報発信及び対外的な人々との送受信が可能になったことで、社会的に信用を得ることができたのです。参加者はもちろんのこと、活動地域に応じて、地元の子ども会・自治会・漁協組合・企業、地域の青少年団体、大学生などが参加するようになり、活動そのものが活発となっていきました。

本活動が、このような状況になるまでには、「萌芽段階」、「民間主体活動移行段階」、「市民活動成長段階」の3段階のサイクルを経て「現在」の段階の活動になったのです。各段階において、活動参加者が毎回同じ活動を繰り返しながらステップアップしていった経緯があります。毎回の活動場所は、変化するものの活動内容そのものの変化はありません。そのような継続した活動を行うことで、参加者自身に安心感を与え、戸惑うことなく行動ができるのです。活動内容そのものは単調なものですが、毎回回収する漂着物が異なるため、段取りを間違えれば、二度手間、三度手間となります。参加回数の多い参加者は、その様を理解しているがゆえ、参加者自身が活動に対して工夫し、それを後から参加した人たちに指導する姿勢が自然的に芽生えていったのだと思います。継続した実践活動は、時間の経過と共に参加者自身の自己改革、自己開発を自然体で学び実践する機会をも与えていったといえます。

また、このような継続した発展ができた背景には、NPOが企画立案を行うことで、NPOが得意とするマンネリ化防止策（親子を対象とした漂着物学習会、年に数回の懇親会など）を取組みの中に盛り込むことで、参加者に飽きがこない工夫ができたことは活動の継続発展という観点から重要な役割を果たしているといえるのではないでしょうか。

中間支援者関与の仕方について

本社会実験における中間支援者（今回の場合、ＮＰＯ）関与の仕方については、前述したように事務局を担うことで、活動がスムーズに運営できるように努めることですが、具体的には、次の３つの点に注力しました。

①スタッフと参加者との間には格差がなく、常に平等という状況をつくることに努めたことです。スタッフは、活動日以外の日常運営において、一般的に見られるような対外的ＰＲ、他のセクターとの情報交換、活動案内などの事務的作業に徹しました。そのため、情報発信側の方が、優位に立つ場合が多いのですが活動当日、ＮＰＯスタッフも参加者と同じように活動をしました。活動現場では、スタッフと参加者との目線は同じにし、決して参加者を作業員的な扱いをしないように努めました。その理由は、一般的な事務局スタッフの場合、参加者と異なり、特別な位置づけであるかのような対応をするところが多いのですが、そのような姿勢では他のセクターからの賛同は得られないからです。

②情報の対称性を保持したインタラクティブな会話ができる環境づくりに努めました。この視点は、主催者だけでなく、参加回数の多い人（以下、ベテラン）たちも、会話について気をつけなければならないことです。この活動に参加する人々の多くは、一般の人々であり、専門性を持っていません。参加したきっかけの多くが、ベテランからの紹介で初めて活動に参加す

る人がほとんど（以下、ビギナー）です。それゆえにベテランが、ビギナーに対して知らず、知らずのうちに上から目線にならないように気をつけています。また、ベテランとビギナーとの会話が、スムーズに成立するように専門用語が出てきた場合、毎回活動の終わりに取組みのまとめをし、参加者全員がいるところで、用語の説明をしました。このことで、ベテランに対してビギナーに上から目線になっていないかという戒めを含めた講話をしています。このようなことを繰り返すことで、ベテランの誤った認識を改め、初心に帰ることを心掛けています。これが、新たな会員を増やす要因の1つになっていいのかもしれません。少なからずとも、ベテランにとっては、自分自身を改める機会となっていることには間違いありません。

③ 資金作り。本章での取組みの場合、参加してもらい作業をするだけで感謝しなければなりません。その上に参加費や年会費をもらうわけにはいかないのです。そのため、この団体では参加者からの収入はありません。企業や行政からの資金提供で、年間の活動経費を賄っています。主な必要経費と言えば、軍手やタオル、ひばさみ、夏季の飲料水（熱中症予防）などです。一見、大したことはないように見られますが、夏の時期の参加者は、夏休みということもあって親子連れで100人を超える時もあります。この時期だけ参加する人は、いつも飲料水が配布されていると思っています。しかし、現実は違うのです。当然参加者は、このような活動の裏側の運営を知る由もありません。しかし、事務局側の苦労を感じさせずに活動すること

によって、参加者にとっては安心感と取組みに対する信頼感を醸成しているのだと考えるのです。

地域形成におけるマネジメントと人材育成の役割について

この活動を通じて、参加者自身の自己改革、自己開発をし、時間をかけて地域コミュニティ形成におけるマネジメントと人材育成を行っていった様は、前述した通りです。この活動を通じて、活動が参加者自身の日常生活に影響を与えていることがわかりました。つまり、本活動で体得した精神を日々の生活の中で、参加者自身ができる活動を実践しているのです。この点は、明らかに地域活性化に向けた内発的発展を確実に成熟させているといえます。本章の活動に参加しない人がいたとしても、参加者の日常生活で行っている活動に参加している人がいるのであれば（ヒアリングでは、仲間ができている）、その時点ですでに地域に内発的発展の流れができ始めていることを示しています。

地域コミュニティ形成におけるマネジメントと人材育成の役割とは、自己改革、自己開発をすることで、自分のできることから地道に活動し、その活動を通じて、他者へその精神と行動を伝播させ、地域内に組織を構築させることだと考えます。その活動は、決して大きな取組みでなくてもよいのです。重要なことは、その行動を長く継続することです。小さな活動であっても、時間をかけて継続した取組みは人の行動を変えます。これこそ真の人材育成であり、その延長線の中に地域コミュニティの形成が行われ、その波が大きくなった時マネジメントする人材が誕生していると確信しています。つまり、これこそが人の無意識のうちに一般参加者から技能を持った郷土愛着者へ進化させる瞬間でした。

この社会実験を通じてわかったことは、一般参加者だけでは技能を持った郷土愛着者による中間支援者になることは難しいということです。しかし、活動主旨や目的、その活動内容が明確であり、参加者にとって参加しやすいものであることが大前提になるのですが、その活動の中に確実に技能を持った郷土愛着者（素質を持った人も含む）が存在し、その人が組織化しようと意識した段階で技能を持った郷土愛着者による組織が誕生する可能性が高くなります。つまり、その人達が、見本や手本を参加者たちに見せ、共に活動することで、時間の経過と共に新たな技能を持った郷土愛着者が生まれ、技能を持った郷土愛着者たちによる組織へと変化していくのです。

第4章 「地域メンテナンス」という活動

1 私たちの住む地域の構造と環境を知る

市民の誤解

日本中で年齢などに関係なく、多くの市民が地域活動に関心を示し、活動を高めようとする時期にさしかかっています。この事実を直接感じられることはうれしいのですが、現実社会に目を向けたとき、その実態は不明瞭であるがゆえにマスコミに取り上げられない小さな現場では、市民間に混乱が生じていることも伺え、歯がゆくも感じています。

これから訪れるかもしれないミニマム行政に対する市民の対応は、「自分たちのできることは、自分たちで対処していく」という姿勢と実行です。国際競争が激化する状況下で、政府や経済活動だけに頼るのでなく、市民活動という側面から公益を守る動きをしていかなければ、自分で自分の首を絞めていく事態を招いていくと危惧しています。ところが、現実社会は、もはや生活の単位が個人となり、行政も市民からの通報があれば、即対応する状況です。分業化が進む社会で、個人が税と言う報酬を支払っているのですから、行政が公共の場をメンテナンスすることが当たり前であるといったお客さんの立場を主張する意識が染みついてしまったと考えます。

戦後の日本で、この市民意識を変える大きな節目となったのは、1995年1月の阪神・淡路大震災の救援に延べ130万人以上ものボランティアが駆けつけたことです。キリスト教の伝統が薄い日本においてボランティアは育たない等という意見があったのですが、この現実はこれまでの日本における社会的常識を根本的に見直す契機となりました。

これまでの「公益」を実現する活動は、日本において行政の活動そのものが「公益」と一般的にみなされることが多かったのです。そのように思われる理由として、日本では「公共事業」・「地方公共団体」・「公共施設」等の「公共」が主として行政を意味していると一般的に認識されているところがあったからだと思います。これを単純化して言えば「公共」とは、個のレベルでは対応することができない社会的要請を充足するための社会的仕掛けあるいは機能を表すものです。この考え方を定着させた歴史的背景としては、明治政府が日本を急速に近代化するため廃藩置県を行い、中央集権体制を構築するとともに村落共同体を再編統合して行政の末端組織としての町村制を整備したことが挙げられます。また、昭和の挙国一致体制の下、地域社会の共同体を「隣組」などとして再編成し、中央集権体制を強化しました。それ以後、地域社会における自治的共同体は基本的に行政へ統合され、その統合された国家体制下の活動が「公共」と意識されるようになったものといわれています。

戦後の荒廃した国土を復興させ、さらに経済大国に到達することが国家目標であった時代には、「公共」の名のもとにヒト・モノ・カネ・情報の多くを行政が握り、限られた資源を集中的に投資することで経済の拡大を実現するため非常に効果的なシステムとして機能しました。この歴史的経緯が、日本において「公共」は行政であり、「公共」が社会の主導的な役割を果たすことが当然であるという確固とした観念を日本の社会全体に深く浸透させたものといえます。

人の意識や生活習慣を変えることの難しさ

「公共」を話題に引き出しましたが、このような社会常識とも受け止められるような類似した誤解が無数にあり、私たちの日常生活の中で長い時間をかけて培ってきた習慣、考え方、価値基準があると思います。最近の市民行動は、高度経済成長期以前と比べ大きく異なり、生活が苦しくなればなるほど皆平等という意識が市民生活の根底に根付き始めています。

大きな組織に対して抵抗し、正義を勝ち取ることを喜びにするような出来事が多く見られます。企業においては、従業員による企業暗部についての内部告発に伴う不正発覚事件などが後を絶ちません。また行政は、私たち市民の身近で頼りになる組織であるにも関わらず、「権力を行政に委譲し、行政はその権力を行使して自由に行動する代わりに、その行動の結果を市民に説明する責任を負い、さらに行政の権力行使の対象は市民であるから、その行使から生じる影響についても説明する責任をも、行政が負うことになる［van Wolferen 1994:81］。」ということを盾に市民サイドで勝手に拡大解釈してしまい行政側を逆なですることもあります。

企業も行政も、その組織を構成しているのは人間です。人間である以上、自分があり、意思を持っています。楽しいこと、嫌なこと、そして多くの不満があり、その不満を吐き出したくなるはずです。家に帰れば、普通の市民なのだから一般市民と同じようにインターネットや抗議行動のような目に見えた行動行為をしてもよさそうなものです。近年になって、それが現実なものとなり、行政マンによるツイッターやフェイスブックなどのインターネットを介してのつぶやきは、マスコミを騒がすような大問題になりました。

以前、一部の行政マンが、「市民はバカだ」などと発言、つぶやいたと言われる報道を耳にしましたが、多くの行政マンは公に対し口に出さないまでにも密かに個人の心の中に思ってしまうことは多々あると思います。企業人の中にも、行政マンと同じような考えを持っている人はいます。企業も行政も過去の歴史から市民とのイザコザは二度と繰り返したくない、厄介なことは避けたいと考えるのが当然です。同じ人間であっても、同じようなことをしても、その人の所属や立場によって対処される内容が大きく異なります。

近年では、組織内強化ということで、モラル面に対する個人の責任が強く問われていますから企業・行政共に職員1人1人が、敏感に反応し、声を発するといった、あからさまな態度や行動はしないよう自分たちを律しています。それと同時に道理を重んじ、説明責任が付き、誰にでも理解してもらえる理由をつくった上で、民間（市民や民間企業）のわがままや横暴な行為を封じ込めます。このような構図は、行政と市民だけでなく、行政と企業、企業と市民といった関係においても同様に見ることができます。人は、自分の生活もしくは職場環境の中でバランスの悪い状態では留まりたくないからこそ、世の中や周囲が良い方向に変化することを願います。その原因が、自分たち市民にあったとしても、問題は自分たちのところでなく、他にあるのかという幻覚を見てしまいがちです。人は、バランスの悪い期間をどれだけ短くしておくのかが問題解決の根幹となってしまい、根本的な解決以前に短期間に解決できるような技術的・専門的な解決策を望み、権威ある人物やカリスマ性を持つ人物の登場を期待します。

しかし、現実として私たちは、期待していた人々から、何度も裏切られてきた経験があります。少なくとも戦後の日本だけでなく世界で起こった現象として、権力者やカリスマ性をもった人物の登場によって、初めのうちは問題解決の方向へ進んでいるように見えても、結果的に問題を先送りにしたり、言い訳して逃げて行ったりしました。改善させるといった変革ができない背景として、権力を移譲された者は、所属する組織内に存在する束縛によって身動きできなくなったり、組織内に蔓延るしがらみが、その人物を蝕み、変革の核心部分に対して勇気をもって迫ることができなかったりするからです。

このことについて、私たちの身近なことに置き換えて考えてみます。例えば、痩せたいと思う人がいたとします。原因は、自分でもわかっているはずです（例えば、食べすぎと運動不足など）。他人は、本人の生活習慣を改善すれば痩せられると判断します。しかし本人は、自己改革からだと考えず、間違った自己改革を開始します。それが、技術的・専門的な解決策を求めるのです。器具に頼ったり、薬を飲んだりします。初めの頃は、改善の兆しも出てくるのかもしれません。結果的に時間とお金の無駄使いとなってしまいます。そこから、何かのきっかけを通じて、運動と食事療法に入り、バランスのとれた体型を取り戻すのです。

このような行動に出てしまいがちなのは、自分の力量に合わせて問題を定義してしまうところです。人は、変化に伴う痛みや苦しみ、変化に伴って失うものなどを嫌います。バランスの悪い状態でいるとストレスを感じるがゆえに、これ以上の負担はしたくないという心理なのかもしれません。

日常生活の細やかな行動からしか変わらない

市民の不満、行政や企業の不満は、それぞれに、それぞれの立場から出てきたものであり、双方が角度を変えて相手を見るならば、それぞれのエゴだと捉えてしまっているのかもしれません。お互いの内情を表面的にしか理解せずに、自分たちの物差しで計ろうとするがゆえの悲しい結末です。この解決策は、市民・行政・企業が同居する組織体ともいうべき地域の中にあるのです。

高度経済成長期以降では、地域の問題解決の救世主として専門家と称してコンサルタントを行政が招いて、技術的・専門的解決策によって一気に解決に導こうとしました。結果として、地域の人々の状況に必要な変化や市民の向かっていくべき方向性を理解していない者が、専門技術だけで解決しようとして落とし穴に陥ってしまい、何も改善されないままで終わることが多かったのです。また、別のケースでは、問題解決のために新しいアイデアを出しても、組織の不利益を恐がり、既存の組織の中で失いたくないものを守るために、そのアイデアをつぶしてしまうこともありました。そのような中で、ＮＨＫが放送した「ご近所の底力」（２００３年～２０１０年）という番組からも窺えるように失うものがない小さな組織による行動によって新しいアイデアが活かされていきました。その動きは、市民だけに留まらず、連鎖的に行政や企業などの協力も得ることに成功しています。一見、いがみ合う市民・行政・企業ですが、３者共に住みよい社会・地域をつくろうという方向性は、同じだということは理解しておかなければなりません。

3者のいがみ合う大きな要因は、わがままやイニシアチブやリーダーシップをとりたいというプライドが邪魔しているのではないかと思うのです。これからの時代は、地域にとって苦難な時代となっていくのは明らかです。縮小社会にともなう、少子高齢化、ミニマム行政、事業の縮小化と、三者三様に環境が縮んでいるのです。もはや、誰がイニシアチブやリーダーシップをとる、とらないというのではなく、お互いの弱さを補い、強さを最大限に活用することで、地域全体の活力に寄与するのかという問題に直面しています。

私たちは、自分たちの生活をより良いものにしてく為には、市民・行政・企業が協働しなければなりません。権威や権力があたかも悪いような表現をしてきましたが、権威や権力の活用の仕方によっては有効な結果をもたらします。つまり、私たちのこれまでの経験から圧力に対する抵抗の壁を提供する時、権威を用いることになります。人々は、その力によってもたらされた結果を用いて、自分の仕事がしやすいように状況をコントロールしていきます。

権威・権力は、圧力に対して抵抗するためのツールをたくさん用意しています。権威・権力が持っている多くの経験値から、作業工程をつくり、作業人員を準備することもできます。取り上げる問題と解決に向けた活動の順番を決めることができ、どのタイミングで誰を圧力に立ち向かう担当にさせるのか、させないのかを決めることもできます。創造性を発揮させるために作業に関わる人々の能力に応じて温度を調節し、作業スピードの調整ができます。このように人を相手にする作業ゆえに、社会的適応を要する作業は時間がかかる上に抵抗も生まれます。だから、人は社会適応を要する作業をさける傾向があり、面倒なことを回避させようと技術的・専門的解決法を用いようとするのです。

私たちは、これまで培ってきた習慣、考え方、価値基準を容易に変えることができないことを認識しています。だからこそ、これまでの経験値をフル稼働して、環境改善に取組むのです。その方法は、新たなものを見出す手法でなく、既存のものから新たに組み直したりしながら、創意工夫をしていく手法を用います。このことからも、劇的な変化は、日常生活の細やかな行動の積み重ねから生まれることを伺わせています。

市民の実態に即した地域活動が必要

このことを踏まえた上で、市民が潜在意識に持っている公共をベースにして、まちに関わり、間違った公共の概念を自然体の流れの中で改めていく活動をしていかなければなりません。人々に一旦染みついた習慣、考え方、価値観を変えるのは並大抵のことではありません。人々の行動の変革を促すためには、戦略を練り、十分な時間をかけなければ上手くいきません。まずは、具体的な行動について述べる前に前節でも述べたように地域活動を行う上で、重要となる市民・行政・企業の協働・連携で市民の意識を認識しての戦略を練りたいと思います。まちづくりを行っていく上で市民・行政・企業の間には、人の目には見えない上下関係という構造ができています。行政は、様々な面で「行政が主導しなければ『市民や企業にはできない』、『勝手なことをする』」という意識を持っているように思えてなりません。

市民や企業から権力を委譲されているため、よりよい地域を築くため様々なアンケート調査結果を基に数値化された現状から今後の地域運営を示し、様々な行動に移行していきます。多くの人は、マーケティング調査によって、人の求める事柄の最大公約数を導くことができても、誰1人として満足させることはできないことを知っています。それにも関わらず調査活動を行うのかと言えば、行政施策が失敗した際の理由としての説明責任がつくように事前に準備しているのだと言えます。その一方で、行政マンの潜在意識の中に「市民や企業は、自分たち行政が見出した事実や現実の濃厚な分析を直接公開しても受け入れようとしないだろう。もしかすると、抗議する人が出るかもしれない。」と勝手な思い込みが、先に述べた行動に集約されたのではないかと思うのです。

特に行政などの公的機関の組織は、市民による世論という攻撃を畏れ、結果的に狭いものの見方になってしまいがちなのです（この部分は、企業という組織においても同じ）。そのような意識を持つ人々の典型的な行動として、自分たちを守り、補強するための制度のようなものをつくって他者へ抵抗していきます。このことは、人の意識の持ちようであるため、この段階における現状で意識改革を即解決することはできません。市民・企業にしてみれば、行政が思っている「市民への『できない』」という意識ではなく、「まちづくりへの参加の仕方や行政とのお付き合いの仕方を知らない」といった方が正しいと言いたいのではないかと思います。

このことについて、私たちの身近なことに置き換えて考えてみるならば、「近所付き合い」の習慣があります。この「近所付き合い」も、高度経済成長期以前に生まれて体験した人とそれ以後に生まれて体験した人では、言葉上同じものであっても全く異なった習慣を経験しているのです。つまり、前者は人が生きていく上で当たり前の習慣であったとしても、後者の人々にとっては「煩わしい」存在の習慣なのです。この事例が示していることは、これからの時代を担う人々の中には、人と人がリアルに触れ合う近所付き合いの大切さや、コミュニケーションの仕方を知らない人が多いことを示しています。

このような世代の違いに伴う人々の認識や行動の違いが顕著に出ているものとして、一部の市民に間違った認識に基づく「各セクター（行政・市民・企業）に対する対等意識」があります。その代表的な行動として、行政や企業に対し上から目線で接触を試みる人がいることです。このような行為は、今の時代、当たり前であるように捉えがちですが「親しい仲にも、礼儀あり」という諺があるように対等という言葉を間違って行動行為に使っているようにしか思えません。つまり、地域活動における市民として他のセクターとのお付き合いのマナーや躾けができていないことを露呈しているのです。これでは、協働化社会を推進しても、他のセクターは、市民と連携した活動をしたいと思わず、不満を言うのも当然です。

このような実態を踏まえた上で、これからのまちづくりでは、実社会には市民の潜在意識の中に目に見えない上下関係がリアルに存在していることを認識し、地域活動という小さな公共の中で行政・市民・企業の各セクターがフラットな位置づけであることが大前提となります。その上で、市民が他のセクターへ必要以上に頼らず、依存しない地域内の人間関係・信頼関係を構築するための練習ともいえる活動が、この「地域メンテナンス」に求められているのです。この活動を通じて、「人とひと」・「各セクター」とのお付き合いやコミュニケーションの仕方などを実体験から習得するものです。また、このような活動を支援・指導する専門家やアソシエイションの存在も必要となってきます。結果として、この活動の成果は地域に社会貢献としてリアルに還元していくものでなければなりません。

今後のまちづくりの中での「地域メンテナンス」が行う活動の方向性とは、「多種多様な価値感を有する市民同士・各セクター同士のコミュニケーションや協調性などといった人間関係構築上最も大切かつ基本的なトレーニングを行い、その延長線に市民セクター自身の自律と他のセクターとの協働活動を行うことなのです。この練習によって自立した地域経営を行い、自分たちにとって大切な安心安全な生活の場と有事に耐えうる地域内人間関係を構築していく活動です。」といえます。このような活動こそが、今後のまちづくりにおいて必要とするものであり、それら一連の動きの総称として『地域メンテナンス』と呼びます。この活動による市民のまちづくりに対する参加意識や参加度合の変化（プラス方向）こそが、この活動成果のバロメーターなのです。

2　人の行動形態を知る

「のりしろ」を見出すことから

「地域メンテナンス」という活動を行う行為は、前述したような言葉だけの理想論で終わるわけにはいきません。具体的かつ実践的活動が伴わなければ、単なるプロパガンダで終わってしまします。いつの時代も、人は無から有をつくり出すことをしません。一見、新しいものをつくり出したように思われるのですが、何か既存のものを参考・アイデアにし、新たに組直したところから新しいものが誕生しているのです。

「地域メンテナンス」という活動も同様です。新たな活動を見出す上で大切な「既存のものを把握する」という原点から出発します。地域は、市民・行政・企業という大きく3つのセクターの活動によって営まれています。地域で、協働活動をこれまでも行ってきましたが、上手くいかないのには、何らかの原因があるはずです。第2章で、まちづくりやコミュニティにおいて、地域活動を機能させるために次の6項目の指摘がなされました。

①帰属意識と成員としての行動との間に矛盾があります。
②市民を1つとして考えています。
③まちづくり全体を示していません。
④市民のまちづくりの関与と流れが不明確です。
⑤まちづくり技術・理論との位置関係が明らかになっていません。
⑥まちづくりにおけるトレーニングとは何かがわかっていません。

指摘されている項目の1つ1つを改めることは、私たち個人1人1人から見て、決してハードルの高いものではありません。ところが、集団としてこれらの指摘を見てみるとハードルが少し高いと感じます。そのように感じるのは、個人では自分1人が気をつけて行動すればよいのですが、集団は自分1人のようにはコントロールすることができないということを潜在的に認識しているからだと思います。この潜在的に認識しているものとは何かを知ることで、今後の活動の中で地域が市民の内発的活動によって改善していく「伸びしろ」を導き出します。その「伸びしろ」を用紙の「のりしろ」に例えるならば、この「のりしろ」が、各セクターをしっかり張り合わせる部分となります。それがお互いに連携し合うことで、地域という一枚の大きな用紙として、これまでと違う新たなグランドデザインができていくものと考えます。これを具現化させるためには、各セクターが地域活性化に向けた確実な一歩を踏み出せる準備をしなければならないのです。

物事を決める3つの基準

市民・行政・企業共に、そのセクターを構成する最小単位は「人」です。いつの社会、どの組織、家族にも、人が2人以上になれば、当たり前のように摩擦が生じます。その摩擦の根源は、今よりもよくなりたいという欲求に伴う「変化」です。しかし人間は、際限なく欲求を満たそうとします。人は、長い時間をかけて、その欲求を抑制させるために「ルール」というものをつくり、その地域の文化にあった独自のルールによって人々の行動を規範的にコントロールしていきました。

ところが、集団生活をする生き物すべてに共通している性質として、秩序維持のために「権威」や「権力」というものをつくり、自分を基準にプラスか、マイナスかを判断します。この判断は、大きく次の3つに分類できます。物事に対して①「好き」か「嫌い」か、②「損」か「得」か、③「上」か「下」という3つの判断基準をもって対応します。このことを町内会という組織の動きに置き換えて説明してみます。

【上か、下か】　行政から自治会を通じて町内会長に伝達事項が伝えられるとします。住民は、町内会長から回覧板などを通じて、町内のことなどについての結果や報告、審議事項を聞きます。もし、この伝達事項が、自治会組織のものでなく、一般住民が回覧した時には大問題となり、発信者に対して怒りを露わにします。ところが、その発信者が、地元の権力者であった場合、どんなに腹が立ったとしても、立場的に上であるはずの自治会組織と言えども怒るどころか、黙認してしまいます。

【好きか、嫌いか】　回覧された内容に関心があればじっくり見聞きしますが、関心がなければ見もせずに次へ回覧してしまいます。住民にとっては、自分が好きなことについて、町内の仕事が回ってきた場合、嫌々と言いながらも、引き受けてしまいます。ところが、本当に嫌なことについて仕事依頼が来たならば、徹底抗戦するかのように怒ります。

【損か、得か】　回覧された内容の中に自分たち家族に対して、利益を得る内容であれば、しっかり読んで喜びます。逆に不利益なことが生じる内容であれば、読んで怒り、次の行動に移ります。

町内会の動きを例にして、３つの判断基準を説明しましたが、すべての出来事に共通していることだと思います。しかし、行政や企業は、市民セクターと異なって仕事上の組織ということもあり、命令となれば仕方なく対応しなければならない部分があるため、全てに適合できるものではありませんが、１人の人間として仕事上の判断基準などといった内面的な根っこの部分では共通していると言えます。

わからないから、問題を先送りにする

地域は、人々にとって身近な存在であり、その存在自体が当たり前であるため、地域の人々から関心を持たれる存在ではないという現実があります。前述の判断基準において、人の「好きか、嫌いか」という判断では、嫌いまでには至らないまでも、面倒なもの、厄介なものというカテゴリの中で処理されているのではないかと思います。個人単位の意識の総数として、これまでの住民の地域との関わり習慣が、市民の自発的なまちづくりなどの地域活動へ参加する機会を見失っていたのかもしれません。さらには、市民そのものの退行欲求が強く働き、地域の縮図的行動をとるようになってきたと思えてなりません。

人間は、勝手な生き物であり、都合の良い生き方をします。人は、自分にとってプラスに傾

くものは、よいことだと判断して、その変化を積極的に受け入れます。ところが、感覚的に自分にとって、リスクを伴う時、何かを失う時は、是が非でも避けようと抵抗します。その代表的な動きとして、言い訳と言う名の物語をつくり出します。どんな社会においても伝統というものが存在していますが、その伝統を都合の良い形に解釈し、自分たちの周囲で起こっていることの説明に利用します。さらには、その物語が日常生活の中の一部と化してしまうのです。人が、問題を避ける基本的な行動には大きく2つあります。1つ目は、責任を転嫁してしまう行動を無意識のうちにしてしまうことです。身近な例として、自分の問題でない時、直視しないでよい時、問題に取組まなくてよい時などに安心してしまうのです。

それでも人は、直視しなければならない時があります。そのような時、前述した物語をつくり出し、「問題は、自分たちでない、別のところにある」といった幻覚をつくり出しています。その典型例として、権威ある者や弱者などに転嫁してしまう行為です。これは、問題解決に対して真正面から取組んでいないという姿勢であり、その結果まやかしの問題解決となります。

2つ目は、注意をそらす行為です。人は、自分の物差しを持っており、能力という物差し寸法にそぐわない場合、意識を様々なことからブロックして避けようとします。これは、自分の無能さを認めたくない時に使用する行為です。地域に存在する問題は、時として本当に恐ろしい状況もあり、その現実を直視しなければならない時もあります。現実に目を背けていても、何の解決にもなりません。人は、一旦現状から目を背けた時、行動としての問題解決をしなくなります。人はみな、同じ価値観を持っていません。地域内にどのような問題が存在しようとも、真正面から取組む人、逃げ出す人、避ける人など様々な行動をとります。だからこそ、機械を修理するように画一的な技術的解決策があるわけでなく、集団生活を基盤とする私たち人間が住む地域の中に解決策を求めるような方程式がないから、一筋縄で対処できないのです。

この状況をさらに悪循環な方向に誘う社会変化として、近年の情報化社会の急速な発展が挙げられます。この発展は、情報化社会に慣れていない市民にとって、情報の有効性や取捨選択ができないことから、自分にとって有効な情報とは何かがわからないまま大量の情報を受け入れ、ストレスとジレンマへと陥り、自分にとって都合の良いように情報を操作してしまいます。結果として人々の内部に様々な怒りが蓄積されていくのです。この現象は、人々が変化に向き合い、状況を変えようとしている姿なのです。この状況を乗り切られるように支え続けていくものの、そのような抑圧に対して、人々は我慢せず、核心部分が不明瞭なまま変革を求めてしまいがちです。

人は、その行動をする一方で理由さえ納得できれば、よろこんで苦しみを受け入れ、状況を改善していく行動をする性質を持っています。私たちは、「人は皆同じ価値観を持っていない」という事実を真摯に受け止め、人間本来が持つ性質を活かした「状況改善」、「人々の抵抗を緩和」させていかなければなりません。その際、地域活動によって変化していく過程で失われるものが、どのようなものであるかを評価する必要があり、その診断結果として「失われるものは、『これです』」と示すことが重要となります。

しかし、私たちがこれから行おうとする「地域メンテナンス」という活動で取扱う問題解決の多くは、社会的適応が必要となるものばかりです。それゆえ、技術的・専門的解決を必要とする問題のように即、解決方法を提示することは不可能に近いのです。なぜなら、問題解決を行うに当たって、試行錯誤しながら実践活動を行い、その進化過程で様々なことを学びながら前に向かって進んでいかなければならないゆえに地域全体で乗り越えなければならない試練があり、市民・行政・企業が協働・連携して行動する方法やその解決方法がわからないのです。

地域活動における専門家の有効性への疑念

行政は、市民から上納された税金を使って、地域の効率化を図るための改善策を見出すためにコーディネーターと称してコンサルタントなどの専門家を招聘します。専門家によって導き出された計画案などは、今後活動する上において有効なアイデアばかりです。専門家の良い面は、技術的・専門的問題解決策を持っていることです。マイナス面としては、出された解決策が、紙面上有効なアイデアであっても、実践活動では住民の活動レベルよりも高度なものであった場合、有効に機能せず問題をより一層先送りさせ、地域改善に向けた依頼者（住民）の意気込み意識を後退させてしまう事態を招きかねません。これでは、市民の貴重な時間を使って提案された意味もなく、最後に諦めと無力感を体験し、出てきたアイデアは引出しの肥やしとなります。このような状況へ導いてしまう要因は、行動に対して未熟な市民を専門家が実践活動によるトレーニングするところまで面倒をみなかったことです。

このようなことは市民だけでなく、企業・行政や組織で改革に取組む場面でも同じことが起こる可能性があります。問題の所在が、構造的な改革や技術的な改革があるかのように特定し、組織内の部署を改革させることで、そこで働く者を忙しくさせるものの、その根底にある組織内文化や戦略・能力に関する問題には、本気で取組もうとはしません。専門家が失敗する原因は、問題を分析出来る形に落とし込むとき、人間の要素を取り除いてしまいます。なぜなら、問題を簡素化することで、技術的な図表、表計算や解析図で説明しやすくすることと専門家自身の次の仕事へのつなぎを施す行為でもあるのです。特にこのことは、戦略的分析を要求する場合に多く見られます。具体的には、環境、経済や政治的な要因がある場合に問題を技術的な要素へと変えていくがために、社会的適応が必要であっても実施項目から除外されているために状況がなかなか改善されず、失敗に終わってしまうケースです。

結果として、問題の本質が人々から見えづらくなり、真の解決策が「人の心や考え方を変え新しい能力を備えるところにある」というものであっても、技術的解決では不可能であることから、調査・報告項目から外すのです。この現実から、これまでの私たちの活動が、静的な活動だったという指摘がなされた背景に市民の活動を鳥瞰的に見るがあまり、最小単位である個人の動きまで細見することができていなかったことがわかってきます。私たちの生活においても近年、ｉＰＳなど細胞レベルまで医療が進歩している時代ですから、市民活動もより細かい分析と活動が必要です。つまり、静的活動から動的活動に転換させるための活動が必要となってきます。この問いに対し、地域活動がＰＤＣＡサイクルを基に活動していることから、このサイクルの考え方が静的な活動に基づいていると仮定するならば、動的な活動へ転換させるサイクルモデルとは何かを出発点として考えてみたいと思います。

人は、学習しながら成長する生き物

これまでの地域活動では「計画―実践―評価―改善」を提起していますが、技術的・専門的解決策に基づいた活動をモデル化したゆえに今後の動的な活動には対応できないと考えます。動的な活動の多くは、社会的適応を基にした解決策を用いることが多いため、それに合致したモデルを用意しなければなりません。これこそが、静的活動と動的活動を区分するものです。ＰＤＣＡサイクル[1]（以下、デミングモデル）の基本的考え方は、米国のデミング博士が、工業製品の品質管理のために経営工学的モデルとして考案したものです。このデミングモデルの出発点は、経営工学という品質管理からの発想です。出発点が、人間を対象にした考え方でないため、同じことを繰り返すサイクルとなっているのが特徴です。

そこで私は、地域社会は人間の活動によって営まれている点に着目し、生き物の最大の特徴である「経験によって成長する」という視点をモデルの中に組み込めないかと考え、デミングモデルと小学校学習指導要領に示されている「探究的な学習における児童学習の姿［文部科学省 2011:13］」をベースに考えていきました。人間は、機械でないため行動を繰り返すことによって、その動態も徐々に変化していきます。このような行動形態に則した動態的活動サイクルでなければ意味をなしません。私は、図４－１に示す「ＰＤＣＡ－ＡＳＣＡサイクル」(3)（以下、提案モデル）を考案しました。このモデルが意図することは、「計画（Plan）－実践（Do）－振り返りと計画修正（Check & Arrange）－新たな実践（Action）－経過観察（See）－振り返りと計画修正（Check & Arrange）－新たな実践（Action）」というものです。

１サイクルは、住民の教育を伴った計画を具現化させるための試験的動きを見るための重要な動きです。

２サイクル目は、最初のサイクルでの改善策を盛り込み、本格稼働できるかを判断するための動きです。

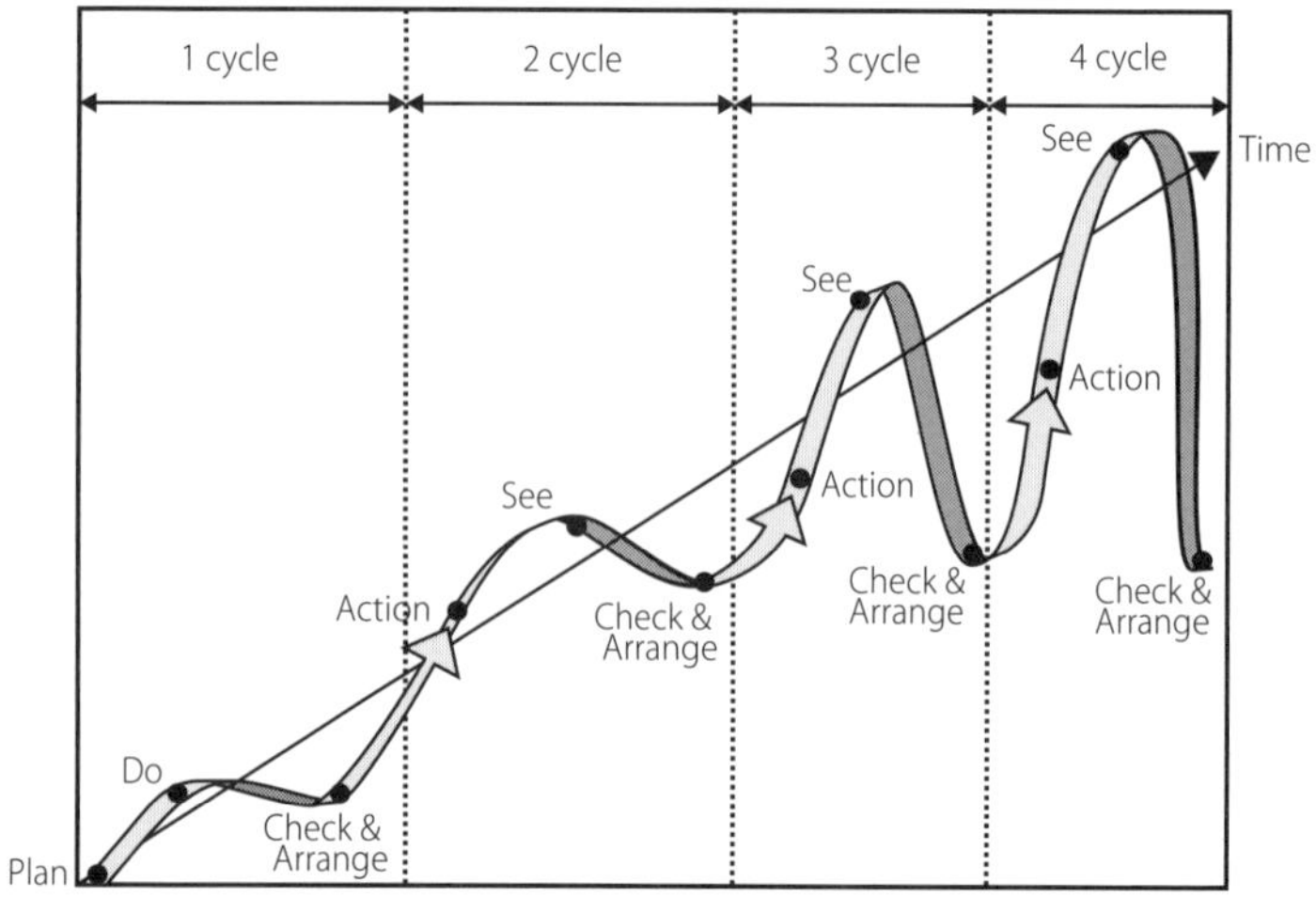

図4-1　PDCA—ASCAサイクル概念図

（出所）筆者作成.

一般的に自己点検や評価に対するイメージは、過去に向かって点検・評価を行うものですが、ＰＤＣＡ—ＡＳＣＡサイクルを自己点検や評価することに適用すれば、達成目標を定め、その達成のために努力し、最初に決めた指標と評価基準に従って評価を行い、これに基づいて改善するという未来志向型の運営に変えていくものです。それゆえに３サイクル目以降は、直前サイクルの問題点を踏まえての改善・改良をしながら前サイクルよりも短い時間で、活動規模を大きくしながら、回転速度を現場の状況に合わせて適度に速めていきます。

ここで注意しておかなければならないことは、この提案モデルを稼働させる以前の前提条件を確認しておく必要があります。安岡［2009:2］は、デミングモデルに対して、このモデルが機能する組織であるためには５つの条件が必要であり、その条件が満たされた時に初めて、デミングモデルは効果的に機能すると言います。私も安岡が示す前提条件については、共感・賛同する部分が多いのです。そこで、私の提案モデルにおいても、安岡の示す前提条件が整っている組織を「ＰＤＣＡ－ＡＳＣＡサイクルが効果的に機能する組織」と言うことにします。これらの事柄を踏まえ、「地域メンテナンス」に対する提案モデルの考え方が、実践活動で機能するものとして仮説設定した活動を展開していきます。その上で長期的な活動を見通しすることにより、動態的な活動を行うことで、どのように影響するのかを検証しなければなりません。

私は、現代社会が多様化した社会へ移行していることを鑑み、今後地域内で小さな活動組織を多く誕生させ、それらの活動体を大きく成長させていくことが、継続した活力ある活動として維持できるものと考えます。

(5)

(6)

始まりの源は、情熱である

現実社会に目を向けて、市民の地域活動を見た場合、考え方そのものに異論はないのですが、地域をリードする人材の絶対量が少なく、その人材が出てきたとしても全体量が足りていません。結果として、理想論として終わってしまう可能性が高いのです。リーダーとは、人に称号として与えられるものでなく、活動という仕事を率先して行っている人に与えられるものです。言い換えれば、1人もついてこない活動であっても、その活動が地域にとって必要かつ重要であると自分自身が心に決めたら、地道に活動し続ける行為こそがリーダーの証なのです。さらに、それを確定させるのは、その活動の姿を他人が見て、その人がリーダーかどうかを決めます。極論を言えば、市民の誰もがリーダーなのです。

だからこそ、社会を真に変革させることに成功する地域活動は、地域内に無数にあることを意味します。例えば、自分たちの地域社会や学校や身内の中からどこからともなく現れて、周囲の人を巻き込んでいくような活動です。このような活動は、誰かから言われて行うものでなく、誰か権力のある人に頼って行うものでもなく、地域のためにカリスマ性ある人に頼りながら活動するものでもないのです。さらには、問題解決優先の対策でなく、解決するための形にこだわり、きれいに見せたいという欲求から無理な協力的連携を組もうとします。しかし、そのような活動は、結果として上手くいったためしはありません。だからこそ、活動ありきであり、協働・連携した活動が大切といっても、活動の形ありきでないことを自覚しなければならないのです。協働・連携した活動は、外見から頼もしく思いますが、一部例外を除いて、その多くは小さな地域活動の成長する過程でできる活動形態なのです。しかし、市民は即結果を求める為め、権威や権力ある行政や企業に頼ろうとするのです。このような考え方が世の中に蔓延るからこそ、依存を生む体質しか生まれてこないのです。

地域活動を行うには、自分の好きなことだけをすればよい時期もありますが、時間の経過と共に大勢の人と話し、相手の話も聞き、さらには相手から様々な情報を探り・聞き出していかなければなりません。みんなが、何を考え、誰が協力者になってくれるか、誰が運動に参加してくれそうか、どんな支援、どんな力を得られそうか、人々に集団として努力させるには、どんな力が必要になりそうかなどと、活動を始めれば様々な壁に突き当たります。地域活動をしようと考える人は、このような厳しい道のりが待っている大変な仕事であることを事前に理解しておく必要があります。多くの人は、このことがわかっているからこそ、一過性の活動に参加しても、地道な活動、自分がリーダーとならなければならない活動を避けてしまう理由なのかもしれません。このような状況からわかることは、自分自身が行う活動に対して情熱が持てないものならば無理だということです。

好きだから続けられる

人は、何に対しても容易に行動へ移す行為をしません。行動に移す時とは、必ず自分の心に感じるものがあって動くのです。例えば、愛する人のために何かをしたいとか、気になるから行動するといった動機から始まるのではないでしょうか。このことから、地域活動を始める契機は自分自身が、地域に注意深く耳を傾け、人々が語っていることの意味を知り、そこの文化を評価し、敬意を払う中で、自分自身の中に地域へ対する何らかの愛情が芽生えてきた時だと思います。このように行動を起こすことは、かなりのエネルギーを使うことがわかります。

ところが、それ以上にエネルギーを必要とするのが、「続ける」という行為です。恋愛に対して、「恋は、盲目」という言葉がありますが、人を好きになり、一生懸命になることは地域活動においても必要不可欠な大切な要素だと言えます。しかし、その一方で、「愛とは、つらくて悲しいこと」と真逆の言葉もあります。つまり、愛し続けることは、つらいことなのです。私たちの身近にある地域活動でも、初めは勢いがありますが、時間の経過と共に継続した活動となるまでに至らないことがほとんどです。このような状況を人は、「情熱が冷めた」などと言います。活動をしていると、楽しいことばかりではありません。楽しいことよりも、苦しいこと、絶望感を感じることの方が多いと思います。地域活動は、一旦活動を始めると、人の数に関係なく、この活動を当てにしたり、楽しみにしたりする人が必ず出てきます。だからこそ、活動主催者は、どんなにつらく、絶望感に覆われても果敢に活動を進めていくだけの器の大きさを持った主催者でなければならないのです。

高い志を失わずに、熱い精神や情熱をもったまま生き生きと活動し続けるためにも、地域からの信頼を勝ち取ることが優先です。つまり、愛し、愛される関係でなければ、続かないのです。初めのうちは、自分からどんなにラブコールという名の活動を行っても地域という相手から相手にもされない時があるでしょう。毎日もしくは定期的に、ラブコールという活動をし続けることで、いつか理解され、相手から受け入れられることで、仲間ができ、交流が生まれ、組織ができ、活動の輪が広がり、地域に訴えかける声も次第に大きくなってきます。このようなステップを踏まなければ持続可能な活動はできません。例えできたとしても、その組織には、どこかに強制力が働いています。自然体の持続性は、自己完結型活動が原点であり、その活動が拡大していく過程の姿だと言えます。

協働・連携の最小単位は個人

地域にある様々な問題を地道に解決していくためには、人材が必要です。その主たる人材として私は高齢者が望ましく、地域活動を積極的に推進してほしいと思っています。しかしながら人間の性格は様々です。表に立って采配を振るうことが好きな人、リーダーの後ろで計画立案することが好きな参謀役が好きな人などです。性格については、老若男女関係ありません。さらに、一概に高齢者だからリーダーになれるものでもなく、若者がリーダーにふさわしい時もあります。

人は、生きていくために地域内の秩序維持を図る行動をとる傾向があります。前述したように人は、２人以上集まれば、必ず対立や摩擦が常に発生します。この対立や摩擦をコントロールするためのメカニズムとして、①支配的な個体が介入し、行動を規制し、規範を回復させることをします。②群れの中に優先順位を築きます。つまり、権力構造を築くことがサービスを産む要望を仕切ることになるからです。この仕組みがなければ、コミュニティが崩壊してしまいます。この仕組みを表現しているのが、年輩チームと若者チームに分かれ、地域内でテリトリーを争奪するような活動そのものです。お互いに、「子どもには、わからない大人の活動」「高齢者には、わからない若者の活動」と主張し合います。地域が元気づけば結果的に良いのですが、今も昔も高齢者と若者が一緒に活動する場面が少なく、一見犬猿の仲のようにも見えます。

協働・連携活動は、市民・行政・企業という大きな区分もありますが、私たち市民は、若者世代と高齢者世代を融和させ、今後必ず訪れず超高齢化社会に対応した地域活動の仕組みづくりを今から市民自らが構築していかなければなりません。しかし、子どもと大人という関係は、子どもが大人になる過程でねじれを起こし、そのねじれを次の時代に伝承している典型と言えます。だから、年輩チームと若者チームの融和が実現できないのだと考えます。それは、人々が持つ過去のトラウマです。人は、子どもの時から親や祖父母、学校の先生から、「私は、あなたの先生（または親など）〔権威〕だから……」、「今、あなたが何をしなければいけないことを私はわかっている」「だから、私の言う通りにしなさい」など、このような言い方をしてきました（中には、されたことない人はいますが、大半が経験済みです）。子どもは、大人と会話をすれば、必ずこのフレーズが出てくると身構えます。その反射的行為が、口で勝てない子どもの行動として、斜に構えてしまう姿勢であったり、反抗的な行為だったり、虚勢を張る行為です。

このトラウマは、社会経験の浅い若者にとっては、フィードバックされ大人になっても、つい反抗的な態度になってしまうのではないでしょうか。高齢者の方は、このことを予備知識として持ち、若者と対話してほしいのです。また、会社の役職を経験した人は、若かりし頃の想い出が蘇り、若者に対して当時と同じ行動をしてしまいます。過去の栄光を大切にするのは、誰でも行う行為です。するなといっても、してしまうのが人間です。

若者には、なかなか理解できないでしょうが、理解するように努めてほしいのです。そのときに必要なのが、緩衝剤になるような人材です。この場面のリーダーは、「緩衝剤的役割」を担う人なのです。このことからも、リーダーと呼ばれる人は、特定の人というわけでなく行動する過程で発生し、場面が変わるたびに、その場面ごとに必要となるリーダーが変わるのです。また、活動状況は10年後20年後、必ず新たな主体へ変化します。だから個人でなく、集団という層で地域運営をしなければならないのです。これまで一般的に思われていたリーダーとは、権威や権力を持ち強い力を背景に、民衆を引っ張っていくといったイメージのものだと思いますが、「地域メンテナンス」での活動で必要とするリーダー像と異なるため、違和感を持っても仕方ないことです。

危機をつくるも、防ぐも個人から

このことからも、「地域メンテナンス」という活動においてのリーダーは、1人になっても地道に活動する人であり、組織内で問題が起これば沈静化に向かわせるために尽力する人など、これまでの経験や専門知識を活かして、行動する人を指します。つまり、リーダーは同じ組織内に複数人いてもよく、それぞれに役割があるのです。

特に人は、新しいやり方を身に付け始めて、混乱が続く時期に周囲の人々を支え続けなければ習慣は定着しません。人は、それぞれに異なる意見を持っていますから、言い争いや論争も当然発生します。この摩擦を通じて、強い力が生まれ、時間をかけて新しいやり方を学んでいく生き物です。リーダーは、頭ごなしに自分の価値観を他人へ押し付ける、傲慢な人になってはいけないのです。周囲の人々に自分のする行動の1つ1つに、責任があることを教えながら価値観や考え方をゆっくり植え付けなければなりません。だからこそ、人の行動は作り出すものであって、行動に従う人をつくり出すものではないのです。

私たちの過去の経験から、多くの人が過去の栄光を引っ提げて、社会問題解決のための救世主となり、みんなを助けると宣言し、みんなが自分に従わせることをしてきましたが、歴史的に成功を収めた人はいません。こんなことをした場合、その社会の根源的な価値観部分に戦いを挑むもので、抵抗勢力に殺されかねません。それよりも活動を積極的に行う仲間を動員し、散らばし、各方面で人々が動きだすように準備していくことの方が最も効果的です。

その際、注意しなければならないことは、市民が行う活動の中に広告塔のような人物がいてもよいのです（その人がいることで、活動にまとまりができ、注目され、大勢の人がついてきますから）が、その人に頼りすぎてはいけないということです。その人がいなくなることで、活動そのものがなくなる、または持続できなくなる危険性もあるからです。

自分が始めた活動であっても、誰かが始めた活動を補佐する立場で活動するにしても、人生経験豊富な人がいなければ、地域活動は活発化しません。敵は、組織内・組織外、活動する場の内と外など、様々なところにいます。人は、誰かと信頼を持って生活する生き物です。人は、人を信頼して行動する生き物であるがために裏切られる事もあります。また、前述したように言い争いや論争が生じ孤立してしまうこともあるでしょう。そんなとき、これまでの人生経験を生かして、未然に事態をなくす（又は最小にとどめる）工夫をすることも大事だと思います。このようにして、個人の集合体が、組織となり、継続した活動ができるようになっていくのです。このような成長過程こそが、持続可能な活動体をつくり、育てるトレーニングなのです。

3 各セクターの動きを知る

地域活動へ市民が参加しない大きな理由

人間は、1人では生きていくことはできません。弱い存在です。だから、生きるために群れをつくって、お互いを守り、お互いの既得権益を守ろうとします。権威や権力の発生源の仕組みとは、ある人に権威や権力を与える（もしくは委譲）することで、その見返りにサービスを受け取るというものです。地域活動が盛んにならない理由の1つとして、見返りとなるサービスが市民セクター内では限られているということを示しているのかもしれません。

もし、地域活動において少額でもお金が恒常的に動いていたとすれば、人はそのお金を目当てに労力を提供しようとします。例え、自分自身がきつくても、つらくても、活動に参加します。生きていくためには、その代償を払わなければならないからです。世の中には、報酬をもらわなくても活動に参加する人はいますが、まだ少数であるといえます。

団塊の世代以降の人々が、定年を迎え、第二の人生を歩み出しましたが、団塊の世代以前の人々とは生活に対するものの考え方が異なります。つまり、簡単に述べれば、退職金の額が先輩たちよりも少なく、共働き世帯でない家庭では妻の所得もない状態で、子どもの教育費、結婚、孫へのサービスなど多額のお金を支出し、夫婦の貯金も少なく、2カ月に一度入ってくる年金で生活するものの足らないからと、今ある退職金を切り崩して生活する現状に不安がつきまとっているのです。だからといって、定年後に自分が好む職種への再就職先などほとんどありません。背に腹は代えられない状況から、私たちは小銭でもよいから毎月定期的に入ってくるお金はないかと考え方を転換させている人もいます。

この発想は、コミュニティ・ビジネスやソーシャル・ビジネスの原点となる大切なものですが、使い方を間違えた市民が多くいます。例えば、地域活動をする際「地域のことをするのだから行政が支援して当然」という発想の下、資金援助を申し出たり、類似のケースとしてNPOを設立すれば活動費が国からもらえるなどと言う人さえもいます。

地域活動が、この人たちのような考え方ではない人々による集りで活動すればよいのですが、現実はそうではありません。残念ながら、地域活動のための特別なお金なんてありません。行政は、必要な取組みであれば資金援助もしますが、出資することは稀です。万が一、活動団体へ資金が提供されたならば、それは地域活動ではなく業務になってしまいます。地域活動の活動資金は、基本的に自己調達しなければなりません。そこが、地域活動に市民が参加しようとしない大きな理由かもしれません。不安定な状態からの脱却として、特定非営利活動促進法が制定されましたが、制定前と状況は大きく変わっていません。

このような状況も踏まえ、市民が地域活動に参加する以前に行政へ必要以上頼らない姿勢や考え方を植え付けるためのトレーニングが求められます。これまでも、このような視点に立ったセミナーが開催されていましたが、今後ワン・ステップ・アップして、実践を交えてのアクショントレーニングも必要だと感じています。この実践研修の結果は、市民が自立型地域活動を行うことで、市民にコスト意識を認識してもらい、少額でも活動参加者へ利益還元できれば、地域活動の活発化はもとより、地域の活性化につながります。

地域活動の始め方

「実践を交えてのアクショントレーニング」というけれど、言葉からのイメージができても何のことかわかりません。つまり、地域活動そのものがトレーニングですので、その活動を始めても、その仕方がわからないと思います。基本的に地域活動は、前述したように自分がやりたいと思って開始するものですが、現実は、やりたいからといってすぐに始められるものではありません。そこで、開始するに当たっての考え方と段取りについて述べます。

地域活動を開始する方法には、基本的に「自主企画活動」と「合同企画活動」の2通りですが、数えきれないバリエーションがあります。自主企画活動とは、自主的に活動を開始し、実践活動を通じて、その活動が地域や市民にとって必要なことを訴えかける方法です（例えば、清掃活動など）。一方の合同企画活動とは、事前に活動そのものの必要性がわかっている上で、多くの団体と協働して実施する活動方法です（例えば、地域のお祭り行事など）。

無名で、活動実績もない人が、地域で活動を開始する場合、自主企画活動から始めることが望ましいと思います。活動実績のない団体が、合同企画活動に分類される活動に参加したくとも、初めから相手にされず、仲間になれないことの方が多いのです。なぜなら、活動を取り仕切る中核団体が企画立案を行い、全体の流れから行事内容に応じて必要な協働相手の選定までを行います。そのため、外見上この指止まれ方式のように見えて内実は、実績重視型の団体選定を行います。つまり、日頃の活動を周囲は、観察しており、何かしらの行事を開催する場合に、その活動実績に応じて参加依頼の有無を決定します。

このことからも、地域活動を行う環境も、既得権域のような目に見えないものがあります。活動実績のない団体は、まず自主企画活動に分類される活動から始めることをお勧めします。一見、難しそうに見えますが、合同企画活動のように周囲の団体の方々に気を使わなくてよいこと、自分たちの主張したい活動を通じて周囲に訴求できること、外野席からの妨害行為も少ないといった利点があります。また、活動資金の有無に関係なく、自分の体力に合わせた活動が可能で、他人から依頼されて行う活動でないため、上手く活動ができなくても次の活動がありますので、繰り返しながら上達していけばよいのです。その活動過程から自分たちの活動カラーと言われるようなものが表れ、確定していきます。人は、その色を見て団体の特徴として認識していき、地域で行わる活動で、その特徴を活かしてほしいと声をかけていくものなのです。これが、活動におけるその団体の技術や力量の判断基準と化していきます。

確かな信頼を求める

ところが、中には1人では不安だから仲間を募って活動を開始しようと多くの団体に声掛けをする人がいます。このような複数の団体が集まって行う取組みは、結果的に上手くいきます。失敗のリスクは低いのですが、活動成果としては、行事慣れした団体がその成果を活用して、さらに力を増していくことが多々あります。自分たちにとって、活動することが目的ならば、それで許せる部分もありますが、自分の活動として真に自立した活動とは言えません。いつかは、自分1人で活動を組み立てなければならない時が来ます。失敗を恐れて、いつまでも下請け的な活動は好ましく思いません。応援する人は、数多くいますし、その応援の仕方も様々です。しっかりとした活動を行う団体に信頼を寄せる人もいれば、未成熟な団体に対して悲哀を感じ「私が手伝わなければ」という想いで活動に参加する人、金銭的、肉体的な支援など様々です。いずれにしても世の中は、動いているもの、確実性あるものに関心を寄せる習性を持っています。

1人で行う活動の不安とは、他者からの評価だと思います。活動団体は、自分にとって大したことのない活動であっても、周囲にとっては注目に値する活動もあるはずです。やってみなければ、わからない部分が多いのも地域活動の特色です。試行錯誤しながら続けて活動している団体に多くの人は声援や協力をしたくなるものです。行政や商工会など、地域に密着した活動をしている人々は、市民の安全管理上、市民の噂話などを通じて情報収集を常に行い[7]、市民の動きを常にウオッチングしています。そのため、自分たちが政策立案した施策の中で何かしらの活動を実施しなければならない時に市民や活動団体へ協力をお願いします。そのような時、行政にとって便利な人や都合の良い人であれば誰にでもお願いするようなことはしません。行政など公平平等の精神・公益を重んじる団体は、選定理由を明確にする上で、市民の安全安心を優先し、誰からの問い合わせに対しても答えられるように手続きを踏みます。事業実施に至るまでの大きな流れは、次の通りです。

行政などが、施策の中で実施しなければならない事業が出てきた場合、どの団体へお願いし、どの団体と組むことで行政側が期待する結果を最大限に出すことができるのかを検討します。この時の団体選定の基準は選定組織によって異なりますが、共通して言えることは、公的機関は、現物・実績評価主義者だということです。だから、相手をこれまでの活動実績と構成メンバーで評価するということは、同時に技術的、マンパワーなどの力量を総合的に評価・吟味するのです。この検討から候補に選定された団体へヒアリングを行います。これは、団体の考え方が、行政の行う事業主旨と合致するのかを直接確認するためのものです。合致した場合、実施に向けた具体的な検討に入った後、事業実施の運びとなります。

このような幾重にも連なるチェックをする背景には、目に見えない信頼のつながりを確かめ合うことしかありません。その信頼とは、「相手の心が正しいと信じているから、相手が自分にサービスを提供してくれるはずだと信じて行う行動行為」です。それゆえに、目に見えない信頼を担保しなければならず、それが説明責任を果たすための手続きとなるのです。今のご時世、何が起こるかわかりません。行政などの権威ある団体にとって、いかなる場合でも説明責任が果たす用意が必要ゆえの基本行動なのです。

行政にも管轄区分があり、協働相手も異なる

私たち市民は、一口に行政と言いますが、行政にも国・都道府県・市町村といった区分があり、仕事の範囲も異なります。このことからも地域活動も、活動内容・規模・対象範囲に応じて活動団体の力量が問われます。そこで、行政区分における専門性と市民参加度の関係について図4－2に示します。

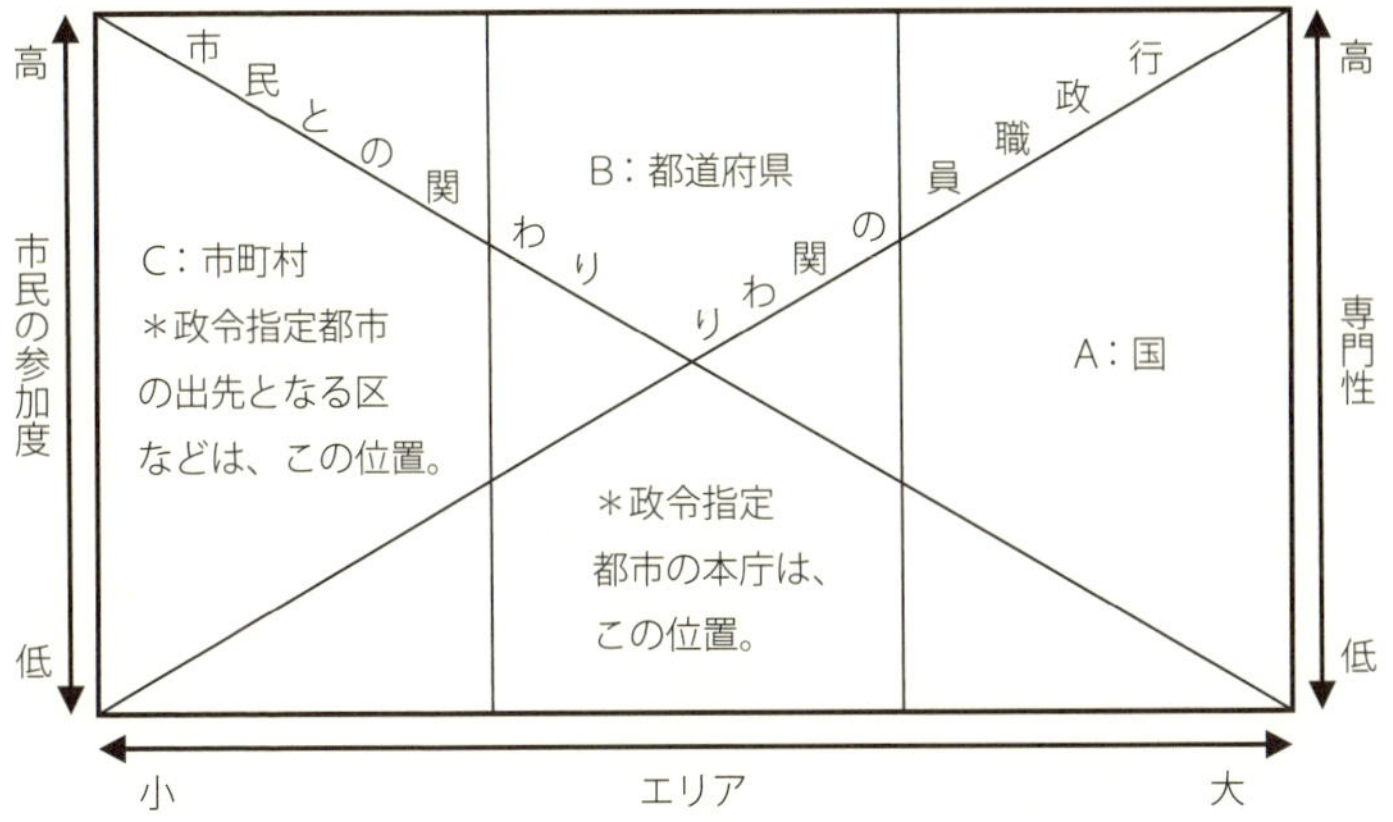

図4-2　行政区分における専門性と市民参加度関係図

（出所）筆者作成.

この図からわかるように、行政の管轄エリアが大きくなるに連れて、高い専門性が必要になり、逆に小さくなると市民との接触する率が高くなってきます。つまり、高い専門性が必要とされるということは、相手が要求するだけのスキルと力量を持った者が市民の中にいないと対応が難しいということです。また、行政からの委託事業といわれるものの性質として、始まりと終わりが決められており、その業務に対して適正金額を提示します。さらには、入札制度を用いて価格競争をさせ、真値ともいうべき委託金額を決定します。このような厳格な仕組みに対して、民間団体が持つ融通などありません。このことからも、行政の外郭団体として設立されたＮＰＯなどは、それに対応することが可能ですが、一般の市民団体が対応するのにはハードルが少し高いのです。

その一方で、市民と接触する率が増えれば行政職員だけでは対応しきれないことから、市民の手助けが必要になってきます。NPOなどの福祉系市民団体が増加しているのも、その影響であり、資金的な手当ても介護保険などの公的資金が充てられています。それ以外の活動に関しては、公的資金の出所がないため活動団体の自己責任で資金確保しなければなりません。

図のような行政区分に関係なく行政は、一部の現場対応が求められる部署以外、基本的に政策立案することが主務です。行政の政策を実現させるためにも、市民は地道な活動が必要であり、その時々に発生する協働活動に向けて、自分たちの団体カラーを明確にし、力量を高める訓練を積んでおく必要があります。行政が、市民に対してできるのは手助けです。真に解決へ導くのは、私たち市民であることを忘れてはいけません。

同じ仕事でも、会社に発注して市民団体に発注しないのはなぜか

市民の中には、民間団体という位置づけで、市民活動団体を業者と同じように取り扱う人がいます。行政マンは、委託業務を発注するに当たって「行政側が持たない技術を持つ相手であれば、その技術に対する金額の折り合いがつくならば、どこに発注してもよい」という基本的な姿勢を持っています。言い換えれば、行政が持たない必要な技術を市民団体が持っていれば、業務発注するということです。このことを踏まえて、同じまちづくり業務を例にして会社

と市民団体の仕事に対する違いを説明します。

最近では、地域活動をコミュニティ・デザインと言いますが、NPOなどが行う市民活動と会社の業務で行う仕事とには、次のような明らかな違いがあります。①会社組織か、NPO（市民）組織か、②委託業務（例えば建築系設計など）の中で行われる市民活動か、既存の市民活動をサポートするかです。この両者の動きを仕事として捉えた場合、一見誰にでもできそうな仕事に思えますが、簡単にできる仕事ではないから、これらの技術を基にした問題解決を期待して、業務を発注する人がいるのです。ところが、「人とひと」とをつなぐような仕事は従来型の設計や施工などの業務と違って、一般の人に成果がわかり難く、目に見えづらいため、評価されづらいのです。同じ手法を用いた作業でも、現場ごとに成果や評価が異なり、すべての業務で成功する保証はありません。だから、発注側は確実性（例えば、参加者数、来街者数、動員数など）を求めます。

そのためか、「人とひと」とをつなぐ部分だけを特化した業務などほとんどないのです。通常の業務発注の形態としては、（例えば）公園設計を行う際、「住民参加による設計」などといった条件（この部分に受託者の独自性が現れる）をつける程度です。私の場合、発注先が自治会などであり「資金はないが、熱意だけはある」というとんでもない依頼から始まることが多いのです。全くの無報酬では具合が悪いので、資金集めの方法から教えていき、自分たちで自立した活動へ導くため「ボロ儲け」なんてことはありえません。どうにか継続して経営をしています。これが、全国の一般的なまちづくり業界の現状でだと思います。

このような状況を鑑みるならば、市民が地域の中でコミュニティ・デザインと同じような活動をしてもビジネスになり難い構造があり、そこに欠かすことのできない「人とひと」とをつなぐといった技術を持つ人材が絶対量不足しています。それゆえ、コミュニティ・デザインができる人が、マスコミに取り上げられると、当然そこに注目と仕事が集まり、一種のブランド化が始まります。また、その仕事には、発注金額に応じた成果要求も生じます。だから、ビジネスが成立するのです。

しかし、全国に存在する現場は無数にありますが、相手の要求する成果レベルも様々です。すべての仕事が省庁の発注するレベルではありません。報酬と技術の関係は、基本的にクライアント組織の規模と業務内容（専門性の高低、直接住民に関わる度合いの濃淡）によって報酬が異なります。(8) つまり、図4－2からわかるようにクライアント組織の規模が小さくなれば、なるほど、住民の生活に密着した活動になり、1件当たりの報酬は少なくなっていく傾向が強いのです。このことから、クライアントの所属位置によって大きく左右されます。技術に関しては、発注側の懐具合、発注内容の難易度に応じて要求されるレベルも異なります。いずれにしても受注者自身に力量がなければ仕事になりません。

このことからも業務内容に応じて、国ですべきこと、住民自治で処理することなど、自然に棲み分けができてしまいます。これまでのまちづくりについては、時代的ニーズもあり、省庁レベルのまちづくりを全国に紹介しながら全国の都市の活性化を牽引してきました。近年では、まちづくりが市民に定着してきたこともあり、住民自治で処理しなければならない領域に、まちづくりが移行しています。このような時代の流れに対し、地方や住民からの視点に立ったまちづくり理論は極めて少なく、これまでの都市型まちづくりにおける理論では、説明のつかない部分もあることから改めてまちづくりを見直さなければならないのです。

活動に対する各セクターのスピード感と特徴

市民・行政・企業の各セクターが、地域を支えるために協働・連携して活動しています。しかし、上手く噛み合った活動になっていないことは、体感的に誰もがわかっていますが、明確にどの部分なのかわかりません。この点を解明するヒントとして、市民・行政・企業が連携した活動を行う際、それぞれに行動するスピードの違いと独自の連携姿勢があることに気づかされます。行政は、単年度で運営されているため、その年度ごとに成果を出していかなければなりません。企業も同じですが、１年を４期に分けて成果が問われるため、もっと速いスピードで結果を出さないといけないのです。ところが、市民は、行政の監視下にあるものの、成果が問われる立場でないため、時間軸が曖昧です。

企業が、地域活動にマンパワーを投入して参加することは滅多にありません。金銭的支援がほとんどだと思います。企業は、営利を追求する組織です。近年は、CSR（企業の社会的責任）の推進が叫ばれ、地元の大手企業を中心に動きが見られますが、基本的に利益にならないことはしません。その一方で、市民が最大の顧客なため、大切にする者のターゲットとなる客層に対して手厚い対応をしますが、それ以外の客層にはあまり関心を持ちません。

このことから、ハイリスク・ハイリターンを求める企業の姿勢が見えてきます。時には会社を挙げて地域活動に参加することがあります。この時のマンパワーは、これまでの地域活動に参加する市民の機動力とは比べ物にならないほどのスピードで対応します。残念なことに企業には、本務があるため持続性という面では一過性の活動になってしまい、短期決戦型活動に適しています。つまり、目的が明確であり、作業内容とその量がわかっているような社会問題を解決する場合に、威力を発揮してもらえることがわかります。

行政は、成果主義というものの、人間関係を重んじた動きをします。そのため、何か行動を起こす場合、問題点の核心は何であり、解決に向けて対処する相手や内容を特定し、その解決に向けた道筋を明らかにした上で行動を開始します。社会的信用を背景に活動するため、周囲も否応なしに協力します。行政は、関係諸団体や権威者との調整を行い、活動そのものが滞りなく遂行できると判断したならば、即実行に移します。一旦、動き出したら、そのスピードは早いものであり、直ぐに結果を求めます。結果を急ぐ背景には、説明責任に伴う報告書の作成と締切とも言われる年度清算する体質からだということがわかります。このことからも行政は、計画調整型活動に優れています。行政の活動の特徴は、動き出すまでに時間がかかりますが、企業が求める成果と違って成果が明確でわかりやすく出てきやすいのです。

市民は、行政や企業のように仕事を基盤とした組織でないため、市民の秩序を維持し、安全安心を確保することが最も優先されます。これまでの経緯から、市民セクターの最大の武器は、市民ネットワークの強さによる相互扶助を基盤とした活動です。つまり、協調性に優れた団結型活動に適しています。

以上が、地域活動に対するセクター毎の動きと対応のスピードです。地域で、各セクターが連携した活動を行う場合、それぞれの置かれた状況と特徴を加味した協働活動のあり方が求められます。活動してみて相手の不満を言うよりも、相手のことが分かった上での活動は、お互いの譲り合いと配慮が生まれ、ストレスの軽減となります。

自治組織再興のための活動

先述した３つのセクターの中で、市民セクターの衰退は著しく、連携した活動をしたくとも、力量不足であることは疑う余地もありません。結果的に市民が関わる協働・連携活動は、他のセクターに頼った形での活動になってしまうのです。この衰退状況は、承知のように近年の自治会や町内会離れは著しく、破綻の危機に曝され、地域によっては危機的状態です。一般的に自治組織が破綻と言ってもピンとこない人が多いと思いますが事実なのです。通常の自治会運営は、町内会費と一部行政からの負担金で行われますが、町内会費の主な支払先については、一般的にあまり知られていません。その支払先ですが、主に街路に設置されている外套などの電気代です。この電気代は、税金で賄われているものだと思われていますが、行政管理以外の契約主体は市民（その窓口として自治会など）になっています。それゆえ、行政が支払うのではなく、自治組織が契約主体となって毎月支払っています。つまり、自治会への加入率の減少は、地域の自治組織の崩壊に直結しているのです。

私たちは、目に見える問題に意識が向きますが、有事があってから地域活動に参加するのではなく、身近な地域活動に目を向けることが地域防災の原点でもあります。平時から自治活動に参加することが地域活性化の原点でもあり、その上で資金を援助したり、労力を提供することが最も望ましいのです。

人は、パソコンのようにプログラムしたことを指示通りに実行することはできません。基本的に人間は機械でなく、生身の生き物ですのでアナログ的な動きしかできません。つまり、日常生活における行動の１つ１つが、常日頃からの習慣を形づくっていきます。若者が地域活動に参加しないのは、幼年期に地域活動へ参加した経験が少ないことが原因だと思います。この点を改善する方策として、これからの時代を担う子どもたちの地域活動への関与は、今後の対策で可能です。それより難しいのが、労働人口に位置する人々（以下、労働人口者）を地域活動へ参加させることです。

不況の続く現代社会において、地域社会への関与は高齢者と労働人口者とでは活動時間に違いが生じるため積極的な参加は期待できません。この点を解決させる入口段階の取組み手段として、若者を中心に誰もが使用しているデジタル機器を用いての地域活動への参加促進です。具体的には、近年の通信機器の発達により、アナログからデジタルへ進化しました。多くの人々がスマートフォンなしには生活できない状況になりつつあります。そのような誰もが持っているスマートフォンを活用して、労働人口者の生活習慣の妨げにならない範囲でアンケート調査などを実施するといった地域活動に参加しやすい環境を提供しつつ、徐々に人々の行動について習慣性をつくり、リアルな行動へ誘うことも今後必要になってきます。この分野の研究は、既に多くの研究者が着手しており、より一層進化していくものと考えます。

しかし、生身の人間の行動に焦点を当てた研究は、情報関連の研究のように形として誰の目にもわかるようになるためには、かなりの時間が必要であり、着手する研究者が少ないのです。例え、存在していたとしても、効率的に成果を上げるため、数値化で難しい要素を除外して研究を進めることが多く、本来の主旨と異なる研究となることが多くなることもこの所以だからです。だからこそ、地域活動を研究の主体においた研究者が少ないのです。

いずれ時間の経過と共に高齢者もデジタル化された研究対象になっていくことは事実ですが、今現在の多様化した社会問題全体をデジタル化しての問題解決へ導くことは、ずいぶん先になるのではないかと推測します。その理由は、人々が徐々に情報化社会に慣れてくることと、人間の身体的問題です。つまり、人は年齢を増すにつれ視力への負担も増してくるため、できることならデジタル機器を必要以外に使用したくないことと、今よりも進化していく操作が面倒になってくることです（いずれ、この部分を補う技術が開発されると思いますが、それまでのつなぎになるかもしれません）。また、人間の行動は、機械のようにプログラム通りに動きません。頭で行動するのではなく、体で行動する習慣作りをトレーニングしなければ突然の有事に対して体が動きません。

このような身体的な変化や動作に対応していくためには、今後を見据えデジタルとアナログの併用型活動習慣をつくっていくことです。地域活動においては、振り子の原理のように、どちらか一方へ過度の依存をすることは致命傷になってしまいます。まず、私たちが目標とするのは、かつて他国が脅威とした住民組織を現代社会に合った形で再興していくことです。今のような弱体化した自治組織では地域活動に限界が生じ、何か有益な地域活動をしたくとも市民への伝達にはかなり時間と労力がかかるのです。

その手始めとして、自治組織にとって必要な活動を機能させることから始めなければなりません。1つ1つの地域活動は、小さいけれども、その小さな活動を確実にすることで、本来自治組織が行わなければならない仕事を分担でき、自治組織としての体を維持することができます。その上で、他のセクターと連携できるように練習していく必要があります。このことからも地域活動は、市民の習慣づくりであることから長い時間と忍耐が必要なのです。

場は、リアルでなければならない

このような時間のかかる地道な作業を積み重ねていくことが、真の地域再生の近道のように思います。その成果として、コミュニティ（地域）の復活には、「コミュニティが、場と結びつくこと」なのかもしれません。この視点は、第1章で指摘されたことです。この言葉の中の「場」については、まちづくりに絡めて多くの研究者たちが、福祉、音楽、スポーツ、建築など多岐にわたって分野ごとに議論しています。何かしら新しい場を見出そうと懸命に探しているようにも感じます。私は、場に結びつくという行為を人々は、今も昔も変わらず追求してきたようにも感じます。場は、高度経済成長期以前の地域社会では村社会、それ以降の地域社会ではインターネットを通じてのコミュニティへと名称やその形を変えて、常に私たちの生活の中にあり、形として認識しやすい場とつながるように行動してきました。

このような行動をする原点は、人は1人で生きられないことを知っています。だからこそ、人と交わることを求め、人と触れ合うことで安心するのです。ところが、人間には「欲」という、人が成長するための要素があり、その欲が過剰な行動へ導いたものと考えます。村社会では、限られた人間との交わりでしたが、現代社会では大量の知識と情報を得ることでより多くの人間との交わりを求め、無限の広さを持つコミュニティへ踏み込んでいったのです。

人は誰しも欲があり、人よりも良くなりたいなどの欲求によって、身の丈以上のことをしてしまいます。それが良いことだとわかっているならば、尚更です。例えば、お酒も「百薬の長」と言いますが、飲みすぎると害が出ます。ネットも便利ですが、使用しすぎるがために依存症になってしまう現状があります。ここにきてわかってきたことは、このような状況を見て、私たちは様々なことに「度を超すとよくない」ことを痛感しなければなりません。

私たちの生活は、短期間のうちにアナログからデジタルへ移行し、スピードが加速されたことで、これまで解明されなかったことが解明され、様々な分野で劇的な進歩と発展があり、喜びに満ちています。私たちは、その状況を見て、私たち人間自身も進化できるという錯覚に陥っているのではないかと思います。言い換えるならば、私たちの周囲で現象として表れる

「害」は、起こるべくして、起こった事故のようなものです。つまり、人間には、人間としての成長スピードがあり、その制限速度を超え、自分自身を過信しての運転によって起こしてしまった事故なのです。「地域メンテナンス」は、人間が自分自身でコントロールできなくなった速度調整を矯正する活動とも言えます。

G・デランティが「コミュニティの復活」［Delanty 2003:272］の中で主張している「コミュニティ」とは、インターネットなどの仮想社会などを含む全てのものを意味し、場とは生身の人間が触れあうことのできるリアルな場を指しているということに気づかされるのです。次の世代を担う私たちの役割は、高度経済成長期以前のコミュニティを現代人にマッチした形へ変化させるためのコミュニティ修復時代だと確信しています。この作業こそが、「地域メンテナンス」なのです。

注

（1）PDCAサイクルは、Plan（計画）→Do（実行）→Check（検証）→Action（改善）の頭文字をとったものである。これが、目的達成のためにスパイラル上に回る仕組みのことを一般的にPDCAサイクルという。

（2）PDCA―ASCAサイクルは、最初のサイクル：「Plan（計画）→Do（実行）→Check & Arrange

（検証と改善）」→2回目以降のサイクル：「Action（行動）→See（経過観察）→Check & Arrange（検証と改善）」の頭文字をとったものである。

（3）ここでいう計画とは、これまで展開してきた地域づくり実践活動を踏まえた上で帰納的に計画化されたものを意味する。また、社会教育としての学習（共通認識の涵養）要素を持っている。

（4）時間の経過と共にスパイラルを大きく、回転速度を早くしていくことが望ましいが、人間の行う活動であるため限界はある。本研究では、回転速度を早くさせることや組織を大きくさせることに主眼を置くのではなく、継続性を重視した動きに特化する。

（5）安岡の示す前提条件は、下記の通りである。

第1条件は、所属する組織の発展、あるいは存在価値が高まることを目的にＲＤＣＡサイクル（ＰＤＣＡ―ＡＳＣＡサイクルに置き換える）を考えること。

第2条件は、計画において次の4項目を策定できる組織であること。①その組織として何を達成すべきなのかという目標を策定できていること、②目標を達成するために何をすべきかを具体的に行動目標として定めるとともに行動する際の心得を策定できること。③目標の成果を何によって測定するか評価指標を策定できること、④評価を行う際の基準となる評価基準を策定できること。

第3条件は、実行において各自の行動が目標の達成に資することを常に確認・実感することができるように目標に対して共通認識を持ちつつ、計画の遂行にあたる組織であること。さらに、目標達成のために必要であれば、部や課といった部署やプロジェクトの枠に囚われず、提言が行われる組織でなくてはならない。

第4条件は、計画において策定された評価指標と評価基準に従って評価を行う組織であること。また、評価のために必要なデータは、計画的に収集・整理されるように日常業務の中に組み込まれている組織であることも必要である。

第5条件は、評価結果や前回の目標、社会状況などのデータや事実に基づいて、改善が連続性のある形で次の計画として策定されていく組織であることである。

(6) ここで示す「大きく成長させていく」と言う言葉の意味には、組織構成員の数の多さや資金力の強さのことを指しているのではない。組織構成員が少なく、資金力が弱くとも、活動内容がしっかりとしており、持続可能な組織に成長させることを言う。

(7) 情報の多くは、インフォーマルな形で行政に集まるような仕組みができているようです（行政の管轄エリアが小さくなればなるほど、この傾向は強い）。そのため、地域にある多種多様な権威を持った組織は、何かしらの動きをする場合、一旦行政にお伺いを立て、自分たちにとって有益な情報を得ます。つまり、市民の安全を守るという観点から人物評価ならぬ団体評価を市民の相談役である行政に依頼するようなものです。

(8) 一般的に公共事業に関して組織規模が大きくなれば、専門性や技術力など高度なものが要求されるため、報酬も高くなることを意識的に理解している。一方、組織規模が小さくなれば、報酬が低くなると意識的に理解している。報酬面だけを見れば、その通りかもしれない。しかし、単純に組織規模だけではない。組織規模が小さくなることで、対応する事項が多くなり、1つずつが細かい仕事となるため、当然職務に対応する人材も多くなる。地方自治の予算上、大枠が決められるため、対応しなければならない件数分で割ると当然少額となってしまう。このことで、誤解してもらいたくないことは、イメージ的に業務価格を説明しただけで、単純に総額を総件数で割って、一件価格が決まるのではない。それぞれに業務量・技術料に応じた価格を算出している。

おわりに

昨日まで信じていたことが、突然信じられなくなる出来事が、私たちの身の回りで多く起こっています。私にとっては、NPOが政府や自治体の努力で解決できない問題を解決する担い手になるものと信じて今日まで活動や研究を続けてきました。しかし、その想いとは裏腹に期待を裏切る状況となってしまいます。

社会は、NPOに対して活動の場を与え、その社会の要請に応えるかのようにNPOも団体数を伸ばしていきました。ところが、その社会の期待に反して、肝心なNPOの問題解決に対する力量や技量が未熟・足らない状況です。例え、活動開始段階で問題解決に対する対応ができても日々変化する社会状況に対し、スキルアップできていない現実もあります。

活動している人々にとっては、日々の活動だけで手一杯で、他者との協働作業や次の一手を講ずる行動行為までに余裕がありません。例えあったとしても、アイデアが出てきません。しかし、リーダーとなる者は、ゆっくりと変化し続ける社会の動きに対して、日々変わらず確実に現場での活動を行いながら、その一方で、いかなる社会の変化に対しても素早く対応できるように準備し、常に微調整していかなければなりません。

人間は社会変化の中で、その変化に応じて今の生活よりもよりよい生活へ改善していくことを求める生き物です。だから一度、便利な生活を体験すると以前の生活に戻ろうとはしません。以前に比べ、少しでも不便を感じると不平不満を主張します。さらには、より便利なものを求めようとし、探求するがあまり過度な「依存」が生じ、病名になってしまうほどの現代社会です。それも、子どもだけでなく、子どもの見本となるべき大人までが依存してしまう状況です。

現代社会の変化のあり様を観察していて感じることは、パソコンという道具が高貴な存在から誰もが使うことのできる身近な家電へと変化した頃の私たちは、その道具に振り回され、試行錯誤してしまいました。その時の状況に似ています。特に情報通信分野に関しては、世界を席巻する金融などの基盤を支えるツールでもあることから、人道的見地から生活の基本であった「衣食住」よりも「情報」が優先順位の上位に位置するようにまでなり、時代を牽引するリーダーは政治だと信じていた時代が、今や経済が時代をリードし、政治の仕組み（例えばネット選挙など）さえも変えてしまうほどの力を持つようになりました。

私たちにとって、情報収集の定番ツールともいうべきテレビやラジオはもちろんのこと、新聞までもがインターネットへ徐々に移行し、それに対応する機器類もデスクトップからモバイル化してしまいスマートフォンやタブレット端末が主流となっています。それらは、もはや生活の必需品であり、ネット上の仮想社会というコミュニティの構築とネットワーク化が進み、時として人命を助ける行為に至ることもあり、人々のライフラインの一端を担うまでになりつつあります。

このような状況を鑑みれば、確かに情報も大切ですが、それ以前にリアルな「人とひと」との接触なしに大切な情報は活かされないという前提があることを私たちは誤解せず、認識しなければなりません。さらに、その場にリアルな「人とひと」との接触があったとしても、その人たちに何らかの接点がなければ、次の行動行為に移れず、何の効果も発生しません。

ここで重要なことは、人々が、その接触の場に対して、何らかの関わりを持っているかどうかです。私たちは、地域についての関わりを「愛着」という言葉で表現します。つまり、どんなに身近な地元であっても、愛着がなければ思い出が残る遠い有名な観光地を支援してしまうようなものです。このように気軽に使用してしまう「愛着」の正体とは、一体何なのでしょうか。私は、個人の「思い出」の分量を表現しているのではないかと考えています。

なぜなら、人々の生活の中での「思い出」というライフヒストリーがあり、それぞれの人々の成長過程において紆余曲折な出来事を経験することで、楽しいこと、悲しいこと、困難なことなど、様々な道のりを乗り越えてきたからこそ、その時々で関わった人々との関係の度合いによって、信頼や絆が育まれるのだと思います。

自分の地域に愛着がないと言う人がいるならば、その人は自分の住む地域に関わる度合いが薄かったという証でもあります。このようなことを感じる人は、今から活動を始めても遅くはありません。私は、まちに関わるビギナーの方々に「①まちに出よう、②人に会おう、③風を肌で感じよう」という言葉を贈っています。まずは、行動することです。

私が本書で伝えたかったことは、既にまちの活動に関わっている人、これから関わろうとしている人々のための新たな行動のきっかけになればと考え「地域メンテナンス」と呼ばれる活動を示し、その活動とは一体どのようなものか、この活動を通じて、時代の転換期に差し掛かった日本で市民にできる活動は何なのかを考えてもらいたかったのです。

ここでは現在、地域活動を行っている人々、これから活動をする人々に対して、「地域メンテナンス」という考え方を参考にしていただき、自分たちの活動に活かしてもらえれば幸いです。

竹内　裕二

2017年10月　北九州市にて

《著者紹介》
竹内裕二（たけうち　ゆうじ）
1968年　福岡県北九州市に生まれる．
2005年　北九州市立大学大学院社会システム研究科地域社会システム専攻博士課程後期修了．博士（学術）．
2012年　東京農業大学 論博（経営学）．
現　在　ＮＰＯ法人まちのカルシウム工房代表，大分県立芸術文化短期大学准教授．

地域メンテナンス論
——不確実な時代のコミュニティ現場からの動き——

2018年1月20日　初版第1刷発行　＊定価はカバーに表示してあります

著者の了解により検印省略

著　者　竹内裕二©
発行者　植田　実
印刷者　藤森英夫

発行所　株式会社　晃洋書房
〒615-0026　京都市右京区西院北矢掛町7番地
電話　075(312)0788番(代)
振替口座　01040-6-32280

カバーデザイン　もろずみ としよ　組版　ケイエスティープロダクション
印刷・製本　亜細亜印刷(株)

ISBN978-4-7710-2961-3

人名索引

事項索引

〈ア　行〉

〈カ　行〉

〈サ　行〉

〈タ　行〉

〈ナ　行〉

〈ハ　行〉

〈マ　行〉

〈ヤ　行〉

〈ラ　行〉

〈ワ　行〉

参考文献

〈邦文献〉

足立忠夫［1975］『行政と平均的市民——土地収用と市民——』日本評論社.
荒木昭次郎［1990］『参加と協働——新しい市民＝行政関係の創造——』ぎょうせい.
荒木昭次郎［1996］『自治行政における公民協働論——参加論の発展形態として——』『東海大学政治経済学部紀要』28.
今林宏典［1995］「人間関係論から組織行動論への橋渡し的役割——経営管理思想史への位置づけ:William Foote Whyteの所論を中心に——」『社会情報学研究』（呉大学），1.
海野進［2011］「地域経営の診断視点に関する一考察」『日本経営診断学会論集』11.
奥田道大［1993］『都市と地域の文脈を求めて——21世紀システムとしての都市社会学——』有信堂.
奥田道大［1983］『都市コミュニティの理論』東京大学出版会.
小野セレスタ摩耶［2010］「住民参加による計画策定手法に関する考察——A市次世代育成支援行動計画におけるタウンミーティングを通して——」『Human Welfare』（関西学院大学），2（1）.
国土審議会政策部会国土政策検討委員会［2011］「国土審議会政策部会国土政策検討委員会　最終報告書（平成23年2月14日）」（https://www.mlit.go.jp/common/000135303.pdf, 2017年8月25日閲覧）.
佐藤滋［1999］『まちづくりの科学』鹿島出版会.
佐藤滋［2004］「「まちづくり」の生成と歴史」，日本建築学会編『まちづくり教科書1　まちづくりの方法』丸善.
佐藤滋［2005］「地域協働の時代とまちづくり」，佐藤滋・早田宰編『地域協働の科学——まちの連携を科学する——』成文堂.
潮村公弘・松岡瑞希［2005］「組織市民行動を規定する集団的アイデンティティ要因と動機要因の探究」『人文科学論集 人間情報学科編』（信州大学），39.
清水嘉治［1994］『新地域主義論——神奈川・横浜のくにづくり——』新評論.
平修久［2002］「協働社会の実現は可能か——藤枝市を例にして——」『聖学院大学総合研究所紀要』24.
竹内裕二［2003］『「自活考動」のまちづくりに関する基礎研究——北九州市八幡

東区前田地区を事例として――』『北九州市立大学院社会システム研究』2.
竹内裕二［2005a］「北九州市八幡東区前田地区におけるまちの診断カルテづくりと市民参加に関する社会実験（1）」，日本建築学会九州支部研究発表会.
竹内裕二［2005b］「北九州市八幡東区前田地区におけるまちの診断カルテづくりと市民参加に関する社会実験（2）」，日本建築学会九州支部研究発表会.
竹内裕二［2008］「住民参加型社会実験による北九州市・洞海湾の地域活性化への提言」『東海大学福岡短期大学紀要』9.
竹内裕二［2009a］「離島住民参加型の島づくりに関する実践的研究――北九州市小倉北区藍島を事例として――」『東海大学福岡短期大学紀要』10.
竹内裕二［2009b］「住民参加型の地域づくりとソーシャルビジネスの可能性――北九州市小倉北区藍島を事例として――」『東海短期大学紀要』43.
竹内裕二［2010］「海岸清掃を通じての地域活性化とボランティア学習――北九州市若松区の海岸清掃を事例として――」『日本ボランティア学習協会研究紀要』11.
竹内裕二［2011a］「住民主体の商店街活性化に関する研究――北九州市若松区浜町商店連合会を事例として――』『観光コンベンション研究』（東儀大学校），3（1）.
竹内裕二［2011b］『お客様育てによる観光に向けた商店街活性化に関する研究――北九州市若松区　若松中心商店街連合会を事例として――』『東北亜観光学会論文集』（東北亜観光学会），7（4）.
竹内裕二［2011c］「介護予防を取り入れた商店街活性化に関する研究――北九州市若松区　若松中心商店街連合会を事例として――」『日本近代学研究』（韓国日本近代学会），34.
竹内裕二［2014］「韓国における住民参加型まちづくり実施の可能性――韓日の住民参加型まちづくりワークショップを事例として――」『日本近代学研究』（韓国日本近代学会），45.
竹内裕二［2015］「地域づくりにおける人材育成と市民講座の役割――韓国・金泉氏「農漁村体験指導士」を事例として――」『東北亜観光学会論文集』（東北亜観光学会），11（4）.
田中堅一郎［2012］「日本の職場にとっての組織市民活動」『日本労働研究雑誌』627.
田中堅一郎・林洋一郎・大渕憲一［1998］「組織シチズンシップ行動とその規定要因についての研究」『経営行動科学』（南山大学），12（2）.

玉野井芳郎［1979］『地域主義の思想』農山漁村文化協会.
地方自治研究機構［2010］「地域コミュニティの再生・再編・活性化方策に関する調査研究　Ⅱ（平成22年3月）」.
都市型コミュニティのあり方と新たなまちづくり政策研究会［2011］「都市型コミュニティのあり方と新たなまちづくり政策研究会　報告書（平成23年3月）」.
鳥越皓之［1997］『環境社会学の理論と実践』有斐閣.
内閣府 経済社会総合研究所［2009］「地域経営の観点からの地方再生に関する調査研究」報告書（http://www.esri.go.jp/jp/prj/hou/hou041/hou041.html, 2017年8月25日閲覧).
長野基［2009］「地域ガバナンスにおける多主体間連携形成の基礎的条件――新宿区『社会貢献的な活動団体』に関するアンケート調査からの考察――」『跡見学園女子大学マネジメント学部紀要』8.
似田貝香門・大野秀敏・小泉秀樹・林泰義・森反章夫［2008］『まちづくりの百科事典』丸善.
中村剛治郎［2000］「内発的発展論の発展を求めて」『政策科学』（立命館大学), 7（3).
中村剛治郎［2004］『地域政治経済学』有斐閣.
中田実［1993］『地域共同管理の社会学』東進堂.
中田実［1998］「地域共同管理の主体と対象」, 中田実・板倉達文・黒田由彦編『地域共同管理の現在』東進堂.
中郇章［2003］『自治体主権のシナリオ』芦書房.
新川達郎［2004］「パートナーシップの失敗――ガバナンス論の展開可能性――」, 日本行政学会編『ガバナンス論と行政学』ぎょうせい.
新川達郎［2005］「ポスト分権・合併時代の住民自治組織と協働」, 今川晃・山口道昭・新川達郎編『地域力を高めるこれからの協働――ファシリテーター育成テキスト――』第一法規.
西田豊昭［1997］「企業における組織市民行動に関する研究」『経営行動科学』（南山大学), 11（2).
日本建築学会編［2004］『まちづくり教科書　第1巻　まちづくりの方法』丸善出版.
朴兪美［2009］「地域福祉における新しい『プロセス重視の枠組み』の提案――高松市・都城市の検証から――」『日本の地域福祉』22.
原田隆史［2005］『成功の教科書』小学館.
藤松素子［2006］「地域福祉におけるガバナンス議論の検討――「新しい公共性-か

らあらたな「共同性」へ――」『佛教大学社会福祉学部論集』2.
牧田義輝［2007］『住民参加の再生――空虚な市民論を超えて――』勁草書房.
松本千秋［2002］『健康行動理論の基礎』医歯薬出版.
宮本憲一［1989］『環境経済学』岩波書店.
宮本憲一［1990］「地域の内発的発展をめぐって」『鹿児島経大論集』30（4）.
藻谷浩介［2013］『里山資本主義――日本経済は「安心の原理」で動く――』角川書店.
森川正之［2012］「世代間格差に拍車をかけた――リーマン・ショックと東日本大震災の爪痕――」『中央公論』127（10）.
文部科学省［2011］『小学校学習指導要領解説――総合的な学習の時間編――』東洋館出版.
安岡高志［2009］「PDCAサイクルって何？教学にも運用できるの？」『立命館大学　教育開発推進機構　ニュースレター』14.
寄本勝美［1978］「役割相乗型の行政を求めて――新時代における行政と市民の課題――」，日本行政学会編『行政の責任領域と費用負担』ぎょうせい.
寄本勝美［2004］「役割相乗型の社会システムを求めて――市民・企業・行政のパートナーシップ――」『政経研究』（日本大学），41（1）.
矢吹雄平［2002］「『マーケティング・ネットワークの地域モデル』における“ネットワーカー”」『岡山商大社会総合研究所報』23.
米野史健・饗庭伸・岡崎篤行・早田宰・薬袋奈美子・森永良丙［2001］「参加型まちづくりの基礎理念の体系化――先駆者の体験・思想に基づく考察――」『住宅総合研究財団研究年報』27.

〈欧文献〉

Bauman, Z. [2008] *Community: Seeking Safety in An Insecure World*, England: Polity Press（奥井智之訳『コミュニティ――安心と自由の戦場――』筑摩書房，2008年）.
Becker, G. S. [1968] “Crime and Punishment: An Economic Approach,” *Journal of Political Economy*, 76（2）.
Benkler, Y. [2011] “The Unselfish Gene,” *Harvard Business Review*, 89（7-8）（「利己的でない遺伝子」『Harvard Business Review』37（2），2012年）.
Bouchard, T. J. Jr., Lykken, D. T., MvGue, M., Segal, N. L., and A. Tellegen [1990] “Sources of Human Psychological Differences: The Minnesota Study of

Twins Reared Apart," *Science*, 250 (4978).

Dawkins, C. R. [1976] *The Selfish Gene*, 30th anniversary ed., Oxford ; New York : Oxford University Press（日高敏雄・岸由二・羽田節子・垂水雄二訳『増補新装版 利己的な遺伝子』紀伊国屋書店，2006年）.

Delanty, G. [2003] *Community*, London : Routledge（山之内靖・伊藤茂訳『コミュニティ――グローバル化と社会理論の変容――』NTT出版，2006年）.

Eatough, E. M., Chang, C. H., Miloslavic, S. A. and R. E. Johnson [2011] "Relationships of role stressors with organizational citizenship behavior: A meta-analysis," *Journal of Applied Psychology*, 96 (3).

Fowler, J. H., Dawes, C. T. and L. A. Baker [2008] "Genetic Variation in Political Participation," *American Political Science Review*, 102 (2).

Heifetz, R. A. and M. Linsky [2002] *Leadership on the Lin*, (America) Harvard Business School Press（竹中平蔵監訳『最前線のリーダーシップ』ファーストプレス，2007年）.

Hirst, P. [1994] *Associative Democracy: New Forms of Economic and Social Governance*, Cambridge, (England) Polity Press.

Jessop, B. [2000] "Governance Failure," in Stoker, G. ed., *The New Politics of British Local Governance*, Basingstoke : Macmillan Press.

Liberman, V., Samuels, S. M. and L. Ross [2004] "The Name of the Game: Predictive Power of Reputations versus Situational Labels in Determining Prisoner's Dilemma Game Moves," *Pers Soc Psychol Bull*, 30 (9).

Nowak, M. A. [2006] "Five Rules for the Evolution of Cooperation," *Science*, 314 (5805).

Organ, D. W., and M. Konovsky [1989] "Cognitive vs. affective determinants of organizational citizenship behaviour," *Journal of Applied Psychology*, 74 (1).

Ostrom, E. [1990] *Governing the Commons: The Evolution of Institutions for Collective Action*, Cambridge (England) ; New York : Cambridge University Press.

Pierre, J. [2000] "Introduction : Understanding Governance," in Pierre, J. ed., *Debating Governance : Authority, Steering, and Democracy*, Oxford ; Tokyo : Oxford University Press.

Podsakoff. P. M., Mackenzie, S. B., Moorrnan, R. H. and R. Fetter [1990] "Transformational leader behaviors and their effects on followers' trust in leader,

satisfaction, and organizational citizenship behaviors," *Leadership Quarterly*, 1（2）.

Putnam, R. D.［1993］*Making Democracy Work : Civic Traditions in Modern Italy, Princeton*, N.J. : Princeton University Press（河田潤一訳『哲学する民主主義――伝統と改革の市民的構造――』NTT 出版，2001年）.

Richerson, P. J. and R. Boyd［1985］*Culture and the Evolutionary Process*, Chicago : University of Chicago Press.

Smith, A.［1789］*An Inquiry into the Nature and Causes of the Wealth of Nations*, 5th ed., London : Printed for A. Strahan, and T. Cadell （大河内一男監訳『国富論（１）』中央公論社，1978年）.

Stoker, G.［1998］"Governance Theory : Five Proposition," *International Social Science Journal*, 155.

Wellman, B.［1979］"The Community Question: The Intimate Networks of East Yorkers," *American Journal of Sociology*, 84（5）（野沢慎司・立山徳子訳「コミュニティ問題――イースト・ヨーク住民の親密なネットワーク――」，野沢慎司編・監訳『リーディングス　ネットワーク論――家族・コミュニティ・社会関係資本――』勁草書房，2006年）.

Whyte, W. F.［1993］（1943）*Street Corner Society: The Social Structure of An Italian Slum*, 4th ed., Chicago: University of Chicago Press （奥田道大・有里典三訳『ストリート・コーナー・ソサエティ』有斐閣，2000年）.

Wirth, L.［1938］"Urbanism as a Way of Life," *American Journal of Sociology*, 44（松本康訳「生活様式としてのアーバニズム」，松本康編訳『近代アーバニズム』日本評論社，2011年）.

van Wolferen, K.［1994］*The False Realities of A Politicized Society* （篠原勝訳『人間を幸福にしない日本というシステム』毎日新聞社，1994年）.

Woods, N.［1999］"Good Governance in International Organization," *Global Governance*, 5（1）.

〈ウェブ〉

環境省HP「環境省＜自然環境・生物多様性＞里地里山の保全・活用」（https://www.env.go.jp/nature/satoyama/top.html, 最終閲覧日2017.10.10）.

Heifetz, R. A.［2015］「リーダーシップ白熱教室」，ハーバード大学，NHK.